▎국어 ▎

제1과목

응시번호	
성명	

1~5회

문제책형 **가**

응시자 주의사항

1. **시험시작 전에 시험문제를 열람하는 행위나 시험종료 후 답안을 작성하는 행위를 한 사람**은 「공무원임용시험령」 제51조에 의거 **부정행위자**로 처리됩니다.
2. **답안지 책형 표기는 시험시작 전** 감독관의 지시에 따라 **문제책 앞면에 인쇄된 문제 책형을 확인**한 후, **답안지 책형란에 해당 책형**(1개)을 '●' 로 **표기**하여야 합니다.
3. 시험이 시작되면 문제를 주의 깊게 읽은 후, **문항의 취지에 가장 적합한 하나의 정답만을 고르며,** 문제내용에 관한 질문은 할 수 없습니다.
4. **답안을 잘못 표기하였을 경우**에는 **답안지를 교체하여 작성하거나 수정할 수 있으며,** 표기한 답안을 수정할 때는 **응시자 본인이 가져온 수정테이프만을 사용**하여 해당 부분을 완전히 지우고 부착된 수정테이프가 떨어지지 않도록 손으로 눌러주어야 합니다. **(수정액 또는 수정스티커 등은 사용 불가)**
   - ■ **불량한 수정테이프의 사용과 불완전한 수정처리**로 인해 발생하는 **모든 문제는 응시자 본인에게 책임이 있습니다.**
5. **시험시간 관리의 책임은 응시자 본인에게 있습니다.**

※ 문제책은 시험종료 후 가지고 갈 수 있습니다.

유대종 국어 연구소

※ 이 페이지는 여백입니다.

국 어

문 1. 다음은 공문서를 작성한 후 ㉠~㉣을 수정한 것이다. 그 이유로 적절하지 않은 것은?

<공문서>

문화체육관광부

수신 수신자 참조
(경유)
제목 관광진흥개발기금 특별융자 시행 안내

최근 신종 독감의 영향으로 어려움을 겪는 ㉠관광업계의 경영난 해소와('관광업계의 경영난을 해소하고'로 수정) 관광산업을 활성화하기 위해 관광진흥개발기금 특별융자를 ㉡시행하기에 아래와 같이 안내하오니,('시행합니다. 이에 아래와 같이 안내하오니'로 수정) 귀 시·도의 관광사업체가 혜택을 받을 수 있도록 관광 관련 단체·협회·사업자 등에게 ㉢널리 알려 주시기 바랍니다.('이 융자 사업을 널리 알려 주시기 바랍니다.'로 수정)

가. 융자 규모: 100억 원
나. 융자 대상 업종 및 융자 내용
- 융자 대상 업종: ㉣'관광진흥법' 제3조에 따른 여행업, 관광호텔업, 관광식당업('관광진흥법' 제3조에 따른, 여행업·관광호텔업·관광식당업'으로 수정)
- 융자 한도: 2023년 판매관리비의 30% 이내로 3억 원
- 융자 기간: 2년 거치 후 2년 분할 상환
다. 접수 기간: 2024. 11. 11.(월)~11. 22.(금)
라. 선정 발표: 2024. 11. 29.(금) 예정(문체부, 협회 누리집)
마. 융자 시행: 2024. 12. 16.(월)~12. 27.(금), 은행별

붙임 2024년 관광진흥개발기금 특별융자 지원 지침 1부 끝.

① ㉠: 대등한 구조를 보여 주는 표현을 사용하기 위하여
② ㉡: 중복된 부분을 삭제하기 위해서
③ ㉢: 생략된 문장 성분을 보완하기 위해서
④ ㉣: 수식어와 피수식어의 관계를 분명하게 하기 위하여

문 2. 다음 글의 밑줄 친 결론을 이끌어 내기 위해 추가해야 할 것은?

채식을 하는 사람은 모두 생명을 소중히 여기는 사람이다. 생명을 소중히 여기는 어떤 사람은 동물을 키우는 사람이다. 따라서 <u>동물을 키우는 어떤 사람은 채식을 하는 사람이다.</u>

① 채식을 하는 어떤 사람은 생명을 소중히 여기는 사람이다.
② 생명을 소중히 여기는 사람은 모두 채식을 하는 사람이다.
③ 동물을 키우는 어떤 사람은 생명을 소중히 여기는 사람이다.
④ 동물을 키우지만 채식을 하지 않는 사람은 모두 생명을 소중히 여기는 사람이다.

문 3. 다음 글에서 추론한 내용으로 적절하지 않은 것은?

용언으로 묶이는 동사와 형용사는 어미를 취하여 활용을 하며, 문장에서 주로 서술어로 쓰인다. 의미론적으로 보면 동사는 움직임을 나타내고, 형용사는 성질이나 상태를 나타내는 차이점이 있기 때문에 동작이나 작용에 대해서만 쓰일 수 있는 어미의 결합에서 이 두 품사는 차이를 보인다.

첫째, 명령형 종결 어미 '-아라/-어라'와 '-십시오', 청유형 종결 어미 '-자'는 동사 어간에는 비교적 자유롭게 결합하지만 형용사 어간에는 결합하기 어렵다. 둘째, 현재를 나타낼 때 동사 어간에는 선어말어미 '-ㄴ-/-는-'이 붙지만 형용사 어간에는 붙지 않는다. 셋째, 현재 시제를 나타내는 관형사형 어미로 동사 어간에는 '-는'이 결합하고 형용사 어간에는 '-(으)ㄴ'이 결합한다. 넷째, 목적이나 의도의 뜻을 나타내는 어미 '-러', '-고자' 등은 동사 어간에는 결합할 수 있지만 형용사 어간에는 결합하기 어렵다.

한편, '-었-'이 결합할 때, 과거의 의미가 드러나는 형용사와 달리 '현재 상태'를 드러내는 단어들은 동사로 구분하기도 한다.

① '우리는 행복하러 일한다.'와 같은 활용이 불가능한 것으로 보아 '행복하다'는 형용사이다.
② '이것은 무척 힘드는 일이다.'와 같은 활용이 불가능한 것으로 보아 '힘들다'는 형용사이다.
③ 현재의 상태를 드러내는 '잘생겼다'는 동사인 반면, '낡았다'는 과거의 의미를 드러내므로 형용사이다.
④ '학생들이 가득 찬 교실'에서 '찬'은 동사이다.

문 4. 다음 글의 ㉠~㉣에 들어갈 사례로 적절하지 않은 것은?

국어에는 미래 시제가 없다는 학설이 있다. '(㉠)'라는 문장은 미래를 나타내는 부사어가 들어 있지만, 흔히 미래 시제 선어말 어미라고 하는 '-겠-'은 들어 있지 않다. 또 '(㉡)'라는 문장은 현재를 나타내는 부사어가 들어 있지만 '-겠-'이 들어 있다. 심지어 과거를 나타내는 부사어가 있지만 '-겠-'이 들어 있는 '(㉢)'라는 문장도 가능하다. 이 세 문장을 통해 '-겠-'이 미래를 일관성 있게 나타내어 주는 문법 요소라고 하기 어렵다는 사실을 알 수 있다.

그러면 '-겠-'의 기능은 무엇인가? 그것은 '(㉣)'라는 문장과, '난 이번 달에는 반드시 목표를 달성하겠어.'라는 문장에서 볼 수 있듯이 의지를 나타내는 것이 주된 기능이라고 보아야 한다.

① ㉠: 그는 내일 미국으로 떠난다.
② ㉡: 11월이 되었으니 강릉은 지금 춥겠다.
③ ㉢: 늦어도 어제는 집에 택배가 도착했겠다.
④ ㉣: 현재의 내 실력으로는 이 문제를 못 풀겠어.

문 5. 다음 글의 ㉠~㉢에 들어갈 말을 적절하게 나열한 것은?

연극에서 나타나는 시공간은 연극이 직접 표현하고 제시하는 명시적 시공간, 상징적 의미의 차원에서 수용되는 함축적 시공간, 주관적 느낌의 차원에서 수용되는 심리적 시공간으로 나눌 수 있다. 여기서 명시적 시공간은 관객이 시청각을 통해 있는 그대로 받아들이는 것이지만, 함축적, 심리적 시공간은 명시적 시공간이 작품의 다른 요소들과 결합해 형성한 새로운 이미지라고 할 수 있다.

예를 들어 입센의 연극 「유령」에서 1막의 배경은 유리 벽 너머에 바깥의 음울한 풍경이 비치지만, 온실이 붙어 있는 아늑한 거실로 설정되어 있다. 그런데 이 연극에서는 중산층의 안정된 삶을 보여 주는 거실의 시공간과 음울한 현실을 암시하는 유리 벽 밖의 시공간이 충돌하면서 작품의 등장인물이 우울함과 불안함을 느끼게 된다. 이때 연극이 시각적으로 제시한, 그 자체로는 객관적인 배경이 ___㉠___이라면, 작품의 등장인물이 그 배경 속에 혼자 갇혀 있다고 느낄 때 그 시공간은 ___㉡___이 된다. 또한 거실의 시공간이 중산층의 안정된 삶을, 유리 벽 밖의 시공간이 음울한 현실을 암시할 때, 이 시공간은 ___㉢___이 되는 것이다.

	㉠	㉡	㉢
①	명시적 시공간	함축적 시공간	심리적 시공간
②	명시적 시공간	심리적 시공간	함축적 시공간
③	심리적 시공간	명시적 시공간	함축적 시공간
④	함축적 시공간	심리적 시공간	명시적 시공간

문 6. 다음 글의 중심 내용으로 가장 적절한 것은?

> 어떤 행위의 목적을 'A'라고 해 보자. 우리가 A를 그 자체 때문에 원하고 나머지 다른 것들은 A 때문에 원하는 것이라면, A는 '좋음' 중에서도 '최고의 좋음'이 된다. 결코 다른 어떤 것 때문이 아니라 항상 그 자체로 욕구될 만한 완전한 것이 바로 '최고의 좋음'인 것이다. 그런데 만약 우리의 욕구와 행위가 정작 A 때문이 아니라 A 아닌 다른 것 때문이라면, '최고의 좋음'을 찾는 일은 무한히 퇴행할 것이고, 우리의 욕구와 행위는 공허하고 헛된 것이 되어 버린다. 화살을 적중시키려는 궁수는 자신의 과녁을 분명히 알고 있어야만 하는 것이다.
>
> 존경, 인정, 즐거움, 지성 그리고 모든 종류의 인격적 훌륭함 등은 우리가 욕구하는 대상이다. 이런 것들로부터 아무런 구체적 결과물이 생겨나지 않는다고 할지라도 우리는 여전히 그것들을 구하고자 한다. 이들을 통해서 우리가 행복하게 되리라고 생각하기 때문이다. 이와 달리 행복은 그 누구에 의해서도 다른 어떤 것 때문에 욕구되는 일이 없다. 행복은 그것만으로도 삶을 욕구할 만한 것으로 만들고 그것만으로도 삶을 아무 결핍이 없게끔 만든다.

① 우리의 욕구와 행위는 행복을 위한 것이어야 한다.
② 우리는 다른 어떤 것을 위한 수단으로 행복을 욕구한다.
③ 행복은 여러 '좋음'과 대등하며 충분한 자족성을 지니고 있다.
④ 존경, 인정, 즐거움, 지성, 인격적 훌륭함 등은 '최고의 좋음'이라 할 수 있다.

문 7. 다음 <개요>를 수정하기 위한 방안으로 적절하지 않은 것은?

> <개 요>
>
> ○ 제목: 지역 공공 도서관의 문제점과 개선 방안
> Ⅰ. 서론: 지역 공공 도서관의 형성 과정 ································ ㉠
> Ⅱ. 본론
>   1. 문제점
>   가. 소장 도서 및 신간 서적의 부족
>   나. 다양한 독서·문화 관련 프로그램 운영 ······················ ㉡
>   다. 장애인 편의 시설 미비
>   2. 개선 방안 ·· ㉢
>   가. 도서 기부 행사 개최 및 신간 서적의 분기별 확충
>   나. 도서 열람에 한정된 프로그램 운영
> Ⅲ. 결론: 사랑받는 지역 공공 도서관을 위한 노력 강조
> ··· ㉣

① ㉠: 제목을 고려해 '지역 공공 도서관의 의의와 우리 지역의 실상'으로 고친다.
② ㉡: 내용의 긴밀성을 고려해 'Ⅱ-2-나'와 위치를 맞바꾼다.
③ ㉢: 내용의 완결성을 고려해 '장애인의 편의를 고려한 시설 완비'를 'Ⅱ-2-다'로 추가한다.
④ ㉣: 개요의 전체적인 흐름을 고려해 '올바른 책 소장 관리를 위한 기술적 도입 시급'으로 고친다.

문 8. 다음 글의 ㉠~㉣ 중 어색한 곳을 찾아 적절하게 수정한 것은?

> 걷기는 기차로 이동하는 것과 전혀 다른 체험이다. ㉠<u>걷기의 본질이 목표 지점에 대한 직선적 욕망이라면, 기차 여행의 본질은 오히려 그 중간 과정에 있다.</u>
>
> ㉡<u>걷기는 인간을 주변 공간과 일대일로 맞대면하게 한다.</u> 두 발로 대지에 선 인간은 자연과 일체감을 느낀다. 산과 들, 강과 바다와 같은 주변 경관이 인간의 시선에 기하학적 질서로 파악되고, 새소리, 물소리, 바람 소리는 파동으로 전달되어 인간의 청각에 흔적을 남긴다. 반면 ㉢<u>기차 여행의 중간 과정은 어쩔 수 없이 견뎌야 하는 잉여의 이동에 불과하다.</u>
>
> 우리는 정처 없이 걸으면서 지나가는 시간을 음미하고 존재를 에돌아가서 전에 알지 못했던 장소들과 얼굴들을 발견하고 몸을 통해 무궁무진한 감각과 관능의 세계에 대한 지식을 확대한다. 이처럼 ㉣<u>걷기가 인간을 능동적 명상에 빠져들게 한다면, 기차 여행은 육체의 수동성만을 가르쳐 준다.</u>

① ㉠: 기차 여행의 본질이 목표 지점에 대한 직선적 욕망이라면, 걷기의 본질은 오히려 그 중간 과정에 있다.
② ㉡: 기차 여행은 인간을 주변 공간과 일대일로 맞대면하게 한다.
③ ㉢: 걷기의 중간 과정은 어쩔 수 없이 견뎌야 하는 잉여의 이동에 불과하다.
④ ㉣: 기차 여행이 인간을 능동적 명상에 빠져들게 한다면, 걷기는 육체의 수동성만을 가르쳐 준다.

문 9. (가)~(다)를 맥락에 맞게 순서대로 나열한 것은?

> 서양 주류 철학에서 고통은 선을 두드러지게 함으로써 더 큰 선에 기여하는 신적 섭리와 계획의 한 부분으로 설명되어 왔다. 다시 말하면, 전지전능한 신이 다스리는 세상에서 인간은 고통을 통해야만 비로소 선에 이를 수 있다.
>
> (가) 그러나 레비나스는 변신론적 사고가 두 차례의 세계 대전과 나치가 유대인에게 자행한 홀로코스트 등의 사건들로 인해 이미 그 설득력을 잃었다고 본다. 수백만 명이 학살당하는 현실 앞에서 선을 위한다는 논리로 고통을 정당화할 수 있는지 그는 의문을 제기한다.
>
> (나) 이는 무고한 자의 고통이 존재함에도 불구하고 여전히 신이 정의로움을 보여 주고자 하는 논리로, 변신론이라고 한다. 고통을 죄의 대가로 보는 응보론적 관점, 고통이 영혼의 성숙을 위한 시련이라고 보는 종교적 관점도 넓은 범위에서 변신론의 일종이라고 할 수 있다.
>
> (다) 레비나스가 보기에 고통은 그 자체로 어떠한 쓸모도 없는 부정적인 것이며 고독한 경험에 불과하다. 그러나 인간은 타인의 고통을 통해 개별적 존재에서 벗어날 수 있다는 점에 그는 주목한다. 주체가 고통받는 타인의 신음에 응답할 때 비로소 인간 상호 간의 윤리적 전망이 열리게 된다는 것이다.

① (가) - (다) - (나)
② (나) - (가) - (다)
③ (나) - (다) - (가)
④ (다) - (가) - (나)

문 10. (가)가 참일 때, (나)의 'ㄱ~ㄷ' 중 반드시 참인 것은?

> (가) 어떤 사람이 이발사라면 그 사람은 남자이다.
> (나) ㄱ. 남자가 아닌 사람은 이발사가 아니다.
>   ㄴ. 어떤 사람이 남자라면 그 사람은 이발사이다.
>   ㄷ. 어떤 사람이 이발사가 아니라면 그 사람은 남자가 아니다.

① ㄱ
② ㄱ, ㄴ
③ ㄱ, ㄷ
④ ㄴ, ㄷ

문 11. 다음 글에서 추론한 내용으로 가장 적절한 것은?

> 17세기 조선에 이르면 양반 여성이 한글 산문으로 자신의 일생을 기록하는 경우가 나타나기 시작한다. 『고행록』은 한산이씨(韓山李氏, 1659-1727)가 만년에 자신의 일생을 돌아보며 쓴 글이다. 이 글은 두루마기에 기록되어 있는데, 8대 종부가 책으로 다시 베껴 쓰기도 했다. 이를 통해 여성의 기록이 조상의 필적으로 소중하게 다뤄지던 당대 분위기를 확인할 수 있다. 두 이본은 내용상 큰 차이는 없지만, 18세기 초와 20세기의 표기법 차이를 확인할 수 있는 자료로 활용될 수 있다.
>
> 『자기록』은 18세기 후반 양반 여성인 풍양조씨(豐壤趙氏, 1772-1815)의 일생에 대한 글이다. 이 글은 풍양조씨가 '자기'에 대해 쓴 기록으로서 이후 그의 작품에도 영향을 미쳤을 것으로 보인다. 물론 서술의 중심이 실제로 자기에게만 있다기보다는 가족 관계 속에서의 자기 모습과 생각을 표현하고 있다는 점이 주목된다. 이 글은 작가의 생애를 서술하는 과정에서 양반가의 결혼 생활 등 서울 양반가의 풍속을 드러낸다.
>
> 『윤씨자기록』은 19세기 양반 여성인 해평윤씨(海平尹氏)가 자기에 대해 쓴 글이다. 이 글에는 인생의 고비마다 겪었던 슬픔과 죄책감이 토로되어 있다는 것이 특징이다. 작가는 자신을 기른 사람들이 친부모가 아니라는 사실을 알고 큰 충격을 받았다고 기록한다. 자신의 감정을 표현하는 과정에서 자신이 읽었던 소설과 가사를 적극적으로 인용하는 모습은 19세기 양반 여성이 문학의 향유자이자 생산자가 되었음을 보여준다.

① 양반 여성이 만년에 돌아본 자기의 일생을 스스로 책에 기록하여 소중하게 다루었음은 『고행록』으로 확인할 수 있다.
② 양반 여성이 사회적 관계 속에서의 자신을 이해하기보다 오로지 스스로에게 주목하기 시작했음은 『자기록』으로 확인할 수 있다.
③ 양반 여성이 소설과 가사의 향유자일 뿐만 아니라 창작자로서 자기감정을 표현했음은 『윤씨자기록』으로 확인할 수 있다.
④ 양반 여성이 자기 일생을 쓴 한글 산문이 다양한 시기에 걸쳐 등장했음은 『고행록』, 『자기록』, 『윤씨자기록』의 창작 시기를 종합해 보면 확인할 수 있다.

국 어

문 1. <공공언어 바로 쓰기 원칙>에 따라 수정한 것으로 적절하지 않은 것은?

<공공언어 바로 쓰기 원칙>

○ 명확한 시제의 사용
 - ㉠ 서술어를 통해 시제를 명확히 함.
○ 공손, 배려 등의 의미를 올바로 표현하기
 - ㉡ 명령형, 청유형이 불가한 문장은 사용하지 않음.
○ 문장 성분 간 호응
 - ㉢ 서술어가 필요로 하는 문장 성분을 사용함.
○ 주어와 다른 주체 간의 동작 관계 나타내기
 - ㉣ 이중 피동을 사용하지 않고, 주술 호응을 적절히 함.

① "시장께서 바야흐로 애국가를 부르셨다."를 ㉠에 따라 "시장께서 바야흐로 애국가를 부르신다."로 수정한다.
② "여러분, 새해에는 더욱 건강하십시오."를 ㉡에 따라 "여러분, 새해에는 더욱 건강하시길 바랍니다."로 수정한다.
③ "우리나라가 브라질과 2 : 1로 이겼습니다."를 ㉢에 따라 "우리나라가 브라질에게 2 : 1로 이겼습니다."로 수정한다.
④ "나는 그가 이번 업무의 결정권자라고 생각되어진다."를 ㉣에 따라 "나는 그가 이번 업무의 결정권자라고 생각한다."로 수정한다.

문 2. 다음 글을 이해한 내용으로 적절하지 않은 것은?

피그말리온은 여자들의 결점을 너무 많이 보아 온 나머지, 혐오감에 빠져 평생을 독신으로 지내기로 결심하였다. 조각가였던 그는 어느 날 상아로 처녀상을 조각하였는데, 그 작품이 얼마나 아름다웠던지 살아 있는 어떤 여자도 그 아름다움을 따라갈 수 없을 정도였다. 그는 자기 작품의 완벽한 아름다움에 감탄하여 그만 조각상에 대한 사랑에 빠지고 말았다. 키프로스 섬에서 여신인 아프로디테의 제전이 굉장히 호화롭게 거행되던 때, 피그말리온은 신전에 가서 상아 처녀와 같은 아내를 점지해 달라고 간절하게 빌었다. 여신은 그가 말하려고 한 참뜻을 헤아리고 그의 소원을 들어주겠다는 표시로 제단에서 타오르고 있는 불꽃을 공중으로 힘차게 세 번 솟아오르게 하였다. 집에 돌아온 피그말리온이 조각상의 입술에 입맞추고 팔다리에 손을 얹어보았더니 상아가 부드럽게 느껴졌다. 피그말리온은 자기가 혹시 잘못 느낀 것은 아닐까 의심하고 걱정하면서도, 기쁨과 놀라움 속에서 살아 있는 처녀의 입술에 입 맞추었다. 아프로디테의 숭배자인 피그말리온은 마침내 여신에게 감사의 말을 드리고, 진짜 사람으로 변신한 상아 처녀를 아내로 맞이하게 되었다.

① 피그말리온은 조각 솜씨가 매우 뛰어난 예술가였다.
② 피그말리온은 대상의 외면적인 아름다움에 집착하였다.
③ 피그말리온의 사랑은 아프로디테의 계획으로부터 시작되었다.
④ 피그말리온의 요청에 대하여 아프로디테는 조각상을 비현실적인 방식을 통해 변화시켰다.

문 3. 다음 글의 핵심 논지로 가장 적절한 것은?

서구 엘리트주의는 대중문화가 획일적이고 통속적이라는 점을 오랫동안 비판해 왔다. 대중문화 안에서 대중들에게 선택이란 없으며, 대중들은 문화가 흘러가는 대로 자신의 취향을 적절히 일치시켜 갈 뿐이다. 한편 대중문화의 통속성은 선정성이나 폭력성에 무감각할 뿐 아니라 지나치게 감성이나 웃음으로만 문제를 축소하려 한다는 점에서 그 비판이 가중된다.

이러한 논리에 맞서서 대중문화 옹호론자들은 대중문화를 미적 가치들로 반박하는 데 앞서, 무엇보다도 문화를 향한 욕망과 향유 자체는 죄악이 아님을 주장한다. 인간을 정신과 육체로 양분화하고 순수한 이성과 정신만을 추구하는 서양적 사고가 인간의 감각적인 모든 욕구와 욕망을 죄악으로 여기게 하였다고 말한다. 이러한 사고를 바탕으로 형성된 문화적 관점이 이상을 지향하면 고급문화로, 삶과 현실을 중시하면 저급문화로 자연스럽게 이원화시킨 것이다. 그러나 자신의 감정을 은연중에 나타내는 절제의 미학은 그것대로 가치 있는 것이고, 본능과 현실을 거침없이 표출하는 미학 또한 그것 자체로 의미 있는 것이라 할 수 있다. 결국 인간이 추구하는 욕망과 향유는 중세적이고 전체주의적인 굴레를 벗어나 더 자유스러워지고 더 해방되어야 한다는 점이 중요하다.

① 절제의 미학과 본능의 미학은 그 존재 이유가 서로 의존한다.
② 욕망과 향유는 인간이 누려야 할 미덕이며 인간성의 확장이다.
③ 고급이든 저급이든 문화를 주체적으로만 받아들여서는 안 된다.
④ 대중문화는 인간의 감각적인 욕망으로부터 해방되어 문화적 다양성을 획득하게 되었다.

문 4. 다음 글의 ㉠의 사례가 포함되어 있지 않은 대화는?

둘 이상의 낱말이 합쳐져 원래의 뜻과는 다른 새로운 뜻으로 굳어져서 쓰이는 표현을 ㉠ 관용 표현이라고 한다. 예를 들어 '미역국을 먹다.'라는 관용 표현을 살펴보면 '미역국을'과 '먹다'가 합쳐진 의미가 아닌 '시험에서 떨어지다.'라는 새로운 의미로 쓰인다. 관용 표현은 두 개 이상의 낱말이 한 덩어리로 굳어져 한 낱말처럼 쓰이므로 그 표현을 임의로 바꾸어 쓸 수 없다.

① 갑: 왜 그 사람과 같이 일을 못 하겠다는 거야?
 을: 내가 하는 일마다 번번이 찬물을 끼얹기 때문이지.
② 갑: 미안해. 깜빡하고 발표 자료를 잃어버렸어.
 을: 나 물 먹이려고 작정한 거야? 당장 오늘이 발표잖아.
③ 갑: 어제 네가 자꾸 비행기를 태우는 바람에 부끄러웠어.
 을: 그건 네가 칭찬받을 만하니까 그런 거지.
④ 갑: 와우, 너 이제 보니 정말 손이 크구나?
 을: 응, 음악 선생님께서 내 손을 보시고 피아노를 잘 치겠다고 하셨어.

문 5. 다음 글의 ㉠~㉣ 중 어색한 곳을 찾아 적절하게 수정한 것은?

한용운의 「님의 침묵」에서 '임'은 적용되는 관점에 따라 '잃어버린 조국', '진리', '부처라는 초월적 대상' 등으로 다양하게 해석할 수 있다. 그러나 어떤 관점에서 해석하든지 '임'의 궁극적인 의미는 화자가 ㉠ 지향하는 모든 가치의 총체인 절대적 가치로 환원할 수 없을 것이다. 이 시는 이러한 '임'의 상실을 그 출발점으로 하고 있다.

1~4행(기)에서는 임이 떠났다는 사실을 단도직입적으로 제시하고 이를 점층적으로 반복함으로써 ㉡ 이별의 충격을 드러내고 있으며, 5~6행(승)에서는 화자에게 있어 '임'이 가졌던 '절대적'인 의미를 상기함으로써 임과의 이별로 인한 슬픔과 괴로움을 한층 고조시키고 있다. 그러나 이 시는 이별의 슬픔으로 절망에만 빠져 있는 것이 아니라, 7, 8행(전)에서 '거자필반(去者必反: 떠난 사람은 반드시 돌아온다.)'이라는 불교적 윤회설을 바탕으로 ㉢ 이별의 슬픔을 재회에 대한 희망으로 전환하고 있다. 나아가 9~10행(결)에서는 ㉣ 임과의 이별이라는 부정적 사태를 거부하고 이를 단지 임이 침묵하고 있는 상태로 바꿔 놓음으로써 이별의 슬픔을 자신의 의지로 극복하여 재회에 대한 확신을 다지고 있다.

① ㉠: 지향하는 모든 가치의 총체인 절대적 가치로 환원할 수 있을 것이다.
② ㉡: 이별의 충격을 극복하고 있으며
③ ㉢: 재회에 대한 희망을 이별의 슬픔으로 전환
④ ㉣: 임과의 이별이라는 지향적 사태를 거부하고

문 6. 다음 글의 논지를 약화할 수 없는 것은?

> 손쉽게 만족을 느끼는 이는 즐거움을 향유하는 능력이 낮은 사람이라는 것은 자명하다. 반면에 그런 수준이 높은 사람은 자신이 도달할 수 있는 행복이라는 것이 언제나 불완전할 수밖에 없다고 느낄 것이다. 그러나 그런 불완전한 것을 감내할 만하다면, 그는 그것을 참는 법을 배우게 될 것이다. 그리고 그 불완전함 때문에 얻게 되는 것이 얼마나 좋은 것인지 알지 못하는 까닭에, 그것에 대해 의식조차 하지 못하는 사람을 부러워하는 일도 없을 것이다. 결국 만족해하는 돼지보다 불만족스러워하는 인간이 되는 편이 더 낫다. 만족해하는 바보보다 불만을 느끼는 소크라테스가 더 나은 것이다. …… 높은 차원의 쾌락을 향유할 수 있는 사람들 중 상당수가 때로 유혹을 못 이겨 저급한 쾌락에 빠지는 경우가 있다고 반론을 제기할지도 모르겠다. 그러나 그렇다고 해서 높은 차원의 쾌락이 내재적으로 더 우월하다는 사실이 변하는 것은 아니기 때문에 해당 반론은 적절하지 않으며, 높은 쾌락이 더 우월한 것이다. 사람들은 심지가 굳지 못한 탓에 때때로 가치가 떨어진다는 것을 알면서도 눈앞의 좋은 것을 선택하는 경우가 있다.

① 높은 차원의 쾌락과 저급한 쾌락을 명확하게 나눌 수 없다.
② 저급한 쾌락에 만족하는 사람은 열등한 쾌락을 추구하는 사람일 뿐이다.
③ 쉽게 만족을 느끼는 사람이야말로 즐거움을 향유하는 능력이 뛰어난 사람이다.
④ 높은 차원의 쾌락이 저급한 쾌락보다 내재적으로 우월하다는 주장은 근거 없는 믿음에 불과하다.

문 7. ㉠을 참고할 때 빈칸에 들어갈 말로 가장 적절한 것은?

> 거짓말 탐지기는 사람이 거짓말을 하면 그것이 탄로날까 봐 겁이 나 불안과 초조를 느낀다는 사실을 전제로 한다. 불안과 초조는 혈압, 호흡, 피부에 흐르는 전기의 양 등에 변화를 주며 탐지기는 이를 측정해 거짓말 여부를 판단한다. 이 때문에 거짓말 탐사를 할 때는 긴장 정점 검사라는 사전 장치가 필요하다. ㉠ <u>거짓말을 할 사람을 최대한 초조하게 만들고, 진실을 말할 사람을 최대한 편안하게 만드는 게 이 검사의 목적이다</u>. 이렇게 해야 실제 본검사 때 거짓말을 하는 사람의 초조감 측정이 훨씬 쉬워진다.
> 예비 검사 때, 검사관은 피검사자에게 3~7 가운데 하나의 숫자를 고르게 한다. 피검사자는 5를 골랐다. 검사관은 피검사자에게 "묻는 질문에 모두 '아니오'로 답하라"고 요구한다. 그리고 검사관은 "선택한 숫자가 3입니까?"부터 "선택한 숫자가 7입니까?"까지 다섯 번을 묻는다. 질문 형식이 바뀌어서는 안 된다. "선택한 숫자가 3입니까?"로 물었다가 다음에는 "아하, 그렇다면 4가 답이구나. 그렇죠?" 식으로 질문 형식을 바꾸면 피검사자 마음이 흔들릴 수 있다. 묻는 어조나 목소리 크기조차 일정해야 한다. 피검사자는 약속한 대로 모두 "아니오"로 답한다. 정상적인 사람이라면 "선택한 숫자가 5입니까?"라는 질문에 "아니오"라고 거짓말을 한 대목에서 혈압과 맥박이 흔들리게 된다. 이때 검사관은 반드시 [　　　　　　　　]

① 피검사자에게 검사 결과를 알려 주어 탐지기의 신뢰성을 인식하게 한다.
② 다섯 번의 질문에 한 번이라도 예라고 대답한 사람은 초조함을 느끼고 있다고 추측한다.
③ 거짓말을 해도 아무 변화가 없는 피검사자를 대상으로 질문의 형식을 바꾸어 재실시한다.
④ 검사자의 어조나 목소리의 크기가 달라지는 부분에서 긴장도가 정점에 이르렀음을 피검사자에게 알려 준다.

문 8. (가)~(라)를 조리 순서에 맞게 나열한 것은?

> (가) 무는 토막을 내어 끓는 물에 데치고, 붉은 고추, 풋고추는 잘게 썰어 둔다.
> (나) 잘 손질된 갈치는 녹말가루를 골고루 묻혀 식용유에 튀긴다.
> (다) 냄비에 무와 고춧가루, 간장, 파, 마늘, 설탕, 생강즙, 물을 붓고 끓이다가 튀겨 낸 갈치를 넣어 조린 뒤 붉은 고추, 풋고추를 위에 뿌린다.
> (라) 갈치는 껍질의 은백색 부분을 칼로 긁어내고 내장을 뺀 뒤 깨끗이 씻어서 7cm 크기로 토막 쳐 5mm 간격을 두고 사선으로 칼집을 낸 다음 소금, 후춧가루를 뿌려 둔다.

① (가)－(나)－(다)－(라)
② (가)－(나)－(라)－(다)
③ (라)－(가)－(다)－(나)
④ (라)－(가)－(나)－(다)

[9~10] 다음 글을 읽고 물음에 답하시오.

> 한 개인이 갖는 선입견은 그 개인의 판단이라기보다는 그라는 존재의 역사적 현실이다. 우리가 인간의 역사적 존재 방식을 고려한다면, 합당한 선입견이 있다는 것을 인정해야 한다. 선입견의 원천인 권위는 옹호되어야 한다. 사람들의 권위는 그 궁극적인 근거를 인정과 인식에서 찾을 수 있다. 권위는 비이성적인 자의가 아니라 인식을 통한 인정에 바탕을 두고 있는 것이다.
> 권위와 전통은 같은 것으로, 전통을 역사적 변화 속에서 항상 작용하는 보존으로서 파악해야 한다. 낭만주의처럼 전통을 단지 '자연적 방식의 역사적 소여성(所與性)※'으로 보는 것은 잘못이다. 권위와 전통은 이성에 대립하는 것이 아니며, 전통의 본질인 보존은 이성의 활동이고 그것은 자연에서 ㉠ <u>나온</u> 것이다.
> 이성의 근거 외에도 전통 역시 타당성을 가지며 우리의 행위를 규정한다. 정신과학이 역사성의 문제를 우리가 벗어나야 하는 선입견의 문제로서 처리해 버리면 이해의 개념은 잘못 이해된다. 왜냐하면 이성의 확실성에 대립되는 것으로 나타나는 선입견이란 사실상 역사적 현실에 속하기 때문이다. 이런 점에서 인식에 있어서 전통을 무력화하고 선입견을 부정하는 계몽주의는 비판되어야 한다.
>
> ※ 소여성(所與性): 의식 작용에 주어진 사실을 사실로서 인정하고 판단할 때, 그 판단 또는 인정의 형식을 이른다.

문 9. 윗글에서 추론한 내용으로 적절하지 않은 것은?

① 선입견을 새로이 조명하여 선입견이 가진 의미를 긍정해야 한다.
② 한 개인이 가진 선입견은 그 개인의 판단에만 근거를 두고 있는 것이다.
③ 계몽주의는 역사적 현실에 속하는 선입견을 부정하고 전통을 무력화한다.
④ 특정한 선입견은 인식을 통한 인정에 바탕으로 둔 것으로 정당화될 수 있다.

문 10. 밑줄 친 표현이 문맥상 ㉠의 의미와 가장 가까운 것은?

① 그는 드디어 방에서 <u>나왔다</u>.
② 친구는 결국 모임에 <u>나오지</u> 않았다.
③ 그건 어디서 <u>나온</u> 얘기인지 알 수 없다.
④ 한동안 보이지 않던 지갑이 서랍에서 <u>나왔다</u>.

국 어

문 1. <공공언어 바로 쓰기 원칙>에 따라 수정한 것으로 적절하지 않은 것은?

<공공언어 바로 쓰기 원칙>

- ㉠주술 호응이 어울리도록 표현함.
- ㉡용언을 활용하여 자연스럽게 표현함.
- ㉢잘 쓰이지 않는 한자어 대신 쉬운 말로 바꿔 씀.
- ㉣어색한 번역 투를 삼가함.

① "목표 연도까지 계획이 추진될 수 있도록"을 ㉠에 따라 "목표 연도까지 계획이 추진할 수 있도록"으로 수정한다.
② "△△면 신청자 및 군수님 면담에서도"를 ㉡에 따라 "군수님이 △△면 신청자와 면담한 자리에서"로 수정한다.
③ "적의 조치를 취한 후"를 ㉢에 따라 "알맞게 조치를 취한 후"로 바꾼다.
④ "과도한 소음이 발생하지 않도록 주의가 요구됩니다."는 ㉣에 따라 "과도한 소음이 발생하지 않도록 주의해야 합니다."로 수정한다.

문 2. 다음 글을 이해한 내용으로 적절하지 않은 것은?

악기는 소리를 통해 정서를 표현하며 문화적 정체성을 드러내는 중요한 도구로, 그 이름에는 재료, 소리, 구조적 특징, 연주 방식 등 다양한 요소가 반영된다.

인도의 대표적 현악기인 '시타르'는 페르시아어에서 유래되었다. '시트'는 '3'을, '타르'는 '현'을 뜻하며 초기 시타르가 세 개의 줄을 가진 데서 비롯되었다. 일본 전통 악기인 '샤미센'은 중국에서 전래된 '삼현(三絃)'을 일본식으로 발음한 것으로, 시타르처럼 세 개의 줄로 이루어진 구조에서 비롯된 이름이다. 중동과 북아프리카의 현악기 '우두'는 아랍어로 '나무'를 의미하며 이는 악기의 재료를 반영한다. 서아프리카의 타악기 '마림바'는 나무를 뜻하는 '마리'와 소리 또는 노래를 뜻하는 '임바'가 결합된 것으로, '나무에서 울려 나오는 노래'를 뜻하며 나무 건반을 두드려 연주한다.

호주 원주민의 전통 악기 '디제리두'는 아보리진어에서 비롯되었으며 악기 특유의 소리와 발음에서 유래되었다. 아일랜드의 전통 타악기 '바라'는 손이나 채로 두드려 연주한다. '바라'는 게일어로 '가죽'을 뜻한다. 서아프리카의 '발라폰'은 '연주'와 '악기'를 의미하는 단어가 결합된 이름으로, 타악기의 본질을 잘 나타낸다. 중동과 북아프리카의 타악기 '다라부카'는 '치다'를 의미하는 아랍어 '다르브'에서 유래되어 리드미컬한 특성을 반영한다.

① '마림바'는 악기의 재료에 주목하여 붙여진 이름이다.
② '디제리두'는 악기의 소리에 주목하여 붙여진 이름이다.
③ '바라'는 악기의 연주 방식에 주목하여 붙여진 이름이다.
④ '시타르'는 악기의 구조적 특징에 주목하여 붙여진 이름이다.

문 3. 다음 글의 중심 내용으로 가장 적절한 것은?

'어떻게 살아야 하는가?'라는 질문에 답하며 인간이 자신과 타인과의 관계에서 올바르게 행동하는 방식을 성찰하도록 이끄는 윤리 사상이 바로 덕 윤리이다. 덕 윤리는 동서양 사상사에서 중요한 위치를 차지하며 동양에서는 공자가 '인(仁)'과 '예(禮)'를 통해, 서양에서는 아리스토텔레스가 '중용(中庸)'의 덕을 통해 각각 그 이론을 발전시켰다. 공자는 도덕적 품성과 사회적 조화를 강조하며 사람을 사랑하고 배려하는 마음을 뜻하는 '인(仁)'을 핵심 덕목으로 삼았다. 반면, 아리스토텔레스는 행복을 인간의 궁극적인 목표로 보고, 덕은 과도한 행동과 부족한 행동 사이에서 균형을 찾는 것이라고 주장하였다.

아리스토텔레스에 따르면 용기는 두려움과 무모함의 중간 지점에 있으며 지혜는 과도한 지식 추구와 무지 사이에서 적절히 균형을 이룬다. 이러한 덕 윤리는 인간이 최선의 삶을 살기 위한 길을 제시하며 자아실현을 통한 인간의 내면적인 성숙을 이끌어 낸다. 또한 공자는 인의 실천을 위해 '효(孝)'와 '충(忠)'과 같은 전통적인 덕목을 중시하였다. 그는 효를 통해 부모와 조상을 공경하고, 충을 통해 국가와 사회에 대한 충성을 다할 것을 강조하였다. 공자는 이러한 덕목들이 개인의 도덕적 성장을 돕고, 더 나아가 사회 전체의 조화와 질서를 유지하는 데 중요하다고 믿었다.

① 전통적인 덕목을 통한 인의 실천은, 아리스토텔레스의 중용을 바탕으로 한 도덕적 성장을 이루게 한다.
② 덕 윤리는 인간의 도덕적 성숙과 행복을 위한 삶의 길을 제시한다.
③ 자신과 타인과의 관계보다는 자신만의 수양을 통해 도덕적 성숙을 이루는 것이 올바른 길이다.
④ 덕의 실천을 통한 행복 추구를 위해 다소 무모한 행동도 필요하다.

문 4. 다음 글의 ㉠~㉣ 중 어색한 곳을 찾아 가장 적절하게 수정한 것은?

언어마다 문장을 이루는 정보의 순서가 다르다. 영어는 핵어가 먼저 나오고 이어서 부가적인 정보를 제공하는 보충어가 따라온다. 이를 피수식어가 오른쪽으로 길어진다고 해서 '우분지 언어'라고 한다. 반면에 한국어는 보충어가 먼저 나온 뒤 핵어는 맨 뒤에 나오는데 ㉠피수식어가 왼쪽으로 길어진다고 해서 '좌분지 언어'라고 한다.

인간은 언어로 전달되는 정보의 앞부분이나 뒷부분에 있는 내용을 중반부에 있는 내용보다 더 잘 기억한다고 한다. 좌분지 언어는 '식탁 위에 놓여 있는 빨간 사과'처럼 앞에 나온 보충어의 의미는 '사과'라는 핵어가 등장할 때까지 명확하지 않다. 문장을 정확히 이해하기 위해서는 ㉡핵어가 나올 때까지 보충어를 기억 회로에 저장해 둬야 한다. ㉢보충어가 먼저 나오는 좌분지 언어의 사용자가 보충어가 핵어 뒤에 나오는 언어 사용자보다 초기 정보 기억력이 더 높다.

흔히 '한국어는 끝까지 들어봐야 한다.'라고 한다. 이는 좌분지 언어인 한국어가 '나는 밥을 먹지 않는다.'처럼 '주어+목적어+서술어' 구조로 되어 있어 ㉣문장의 보충어인 서술어가 문장의 끝에 위치하고 있기 때문에 비롯된 것이다.

① ㉠: 수식어가 오른쪽으로 길어진다
② ㉡: 보충어가 나올 때까지 핵어를 기억 회로에 저장
③ ㉢: 보충어가 먼저 나오는 우분지 언어
④ ㉣: 문장의 핵어인 서술어가 문장의 끝에 위치하고

문 5. 다음 글의 핵심 논지로 가장 적절한 것은?

영화의 서사 구조는 선형과 비선형으로 나뉜다. 두 구조 모두 이야기를 전개하며 주인공이 겪는 사건을 제시하지만, 전개 방식에 따라 관객의 경험과 이해에 차이를 만든다.

선형 구조는 시간의 흐름에 따라 이야기가 전개되는 방식이며, 사건의 인과관계를 분명히 드러내 관객이 내용을 직관적으로 파악할 수 있도록 돕는다. 반면 비선형 구조는 시간의 순서를 따르지 않고 사건을 재배치하거나 다양한 시점을 교차시키며 전개된다. 주인공이 사건을 겪고 변화하는 과정이 차례로 드러나는 선형 구조는 관객이 명확한 기승전결을 경험하게 함으로써 이야기 속으로 몰입하도록 한다. 이와 달리 관객에게 낯선 경험을 제공하는 비선형 구조는 이야기를 따라가면서 생기는 의문과 호기심을 통해 관객의 몰입을 유도한다. 이 구조는 관객이 단순히 이야기를 소비하는 데 그치지 않고, 이야기를 재구성하며 능동적으로 참여하도록 만든다. 예컨대, 주인공이 평범한 일상에서 시작해 갈등을 겪고 이를 해결하며 성장하는 과정을 시간 순서대로 보여 주는 고전적인 영웅 서사극은 선형 구조의 사례를, 주인공의 과거와 현재를 오가며 이야기를 풀어 가는 방식의 영화는 비선형 구조의 전형적 사례를 보여 준다.

① 선형 구조와 비선형 구조는 모두 명확한 인과관계를 중심으로 이야기를 전개하며, 관객의 직관적 이해를 돕는다.
② 선형 구조와 비선형 구조는 모두 동일한 방식으로 주인공이 겪는 사건을 제시하지만, 관객의 이야기 재구성 방식만 다르다.
③ 선형 구조는 시간의 흐름에 따른 서사 전개를, 비선형 구조는 새로운 해석과 관객의 재구성을 요구하는 방식으로 차별화된다.
④ 비선형 구조는 갈등을 해결하며 성장하는 과정을, 선형 구조는 결말을 먼저 보여 주고 과거를 시간에 따라 풀어 가는 방식을 따른다.

문 6. 다음 글의 ㉠~㉢에 들어갈 말을 적절하게 나열한 것은?

노년의 삶을 형상화하는 노년소설에서는 사회가 노인을 타자화하는가 하는 경우가 일반적이지만, 노인이 스스로를 타자화함으로써 자기 자신과 멀어지는 경우도 있다. 유아가 거울에 비친 자신의 이미지를 통해 스스로를 통합된 신체로 인식한다는 라캉의 설명과 달리, 노년소설은 노인이 자신의 신체를 조각난 것으로 인식하는 양상을 보여 준다. 나아가 노년소설은 노인의 고운 죽음이라는 것은 단지 환상에 불과하다는 사실을 폭로하는 죽음의 역광을 비추는가 하면, 노인이 자신의 여생을 젊은이와 비교하며 느끼는 대비적 무력감을 비추기도 한다.

박완서의 「길고 재미없는 영화가 끝날 때」는 (㉠)을/를 보여 주는 사례로, 이 작품은 암에 걸려 대소변도 가리지 못하는 어머니의 참혹한 말년을 딸이 마주하는 모습을 그린다. 또한 박완서의 「마른 꽃」은 (㉡)을/를 보여 주는 사례로, 이 작품의 '나'는 아직 괜찮은 상반신과 추악하게 변한 하반신으로 자신의 몸을 나누고는 죽는 날까지 하반신을 거울에 비춰보지 않으리라 결심한다. 마지막으로 오정희의 「동경」은 (㉢)을/를 보여 주는 사례로, 이 작품에 등장하는 노부부는 옆집 여자아이의 혈기를 견디지 못하고 자기 자신을 힐난한다. 그녀의 모습이 스무 해 전에 목숨을 잃은 노부부의 어린 아들을 연상시키며 그들의 오래된 삶을 더욱 무기력한 것으로 느끼게 하기 때문이다.

	㉠	㉡	㉢
①	조각난 신체	대비적 무력감	죽음의 역광
②	조각난 신체	죽음의 역광	대비적 무력감
③	죽음의 역광	대비적 무력감	조각난 신체
④	죽음의 역광	조각난 신체	대비적 무력감

문 7. (가)~(다)를 맥락에 맞게 순서대로 나열한 것은?

백제계 도래인들이 일본 문화에 큰 영향을 끼쳐서 백제 문화가 고대 일본 문화와 비슷하다는 것은 널리 알려진 사실이다.

(가) 백제와 일본 간의 활발한 문화 교류를 보여 주는 사례는 여러 측면에서 드러난다. 백제는 불교, 건축 기술 등 다양한 문물을 일본에 전수했으며, 이는 일본의 아스카 문화 발전에 크게 기여했다. 특히 백제 왕릉의 유물들은 일본 고분 문화에 상당한 영향을 미쳤다.

(나) 그런데 백제와 일본의 문화가 비슷하다고 해서 문물이 일방적으로 백제만이 일본으로 흘렀다고 보기는 어렵다. 당시 일본은 백제를 비롯해 신라·가야 등 한반도의 여러 국가에서 자신에게 필요한 문물을 선택적으로 수용했기 때문이다.

(다) 대표적으로 백제 무령왕릉에서 발견된 구리 다리미와 일본 다카이다야마 고분의 구리 다리미는 거의 동일한 형태를 보이며, 무령왕비의 머리맡에서 발견된 동탁 은잔은 일본의 긴레이즈카 고분에서 출토된 동제 그릇과 매우 유사하다는 점이 이를 말해 준다.

① (가) －(다) －(나)
② (나) －(가) －(다)
③ (나) －(다) －(가)
④ (다) －(나) －(가)

문 8. 다음 글에서 추론한 내용으로 가장 적절한 것은?

계절 변화가 천체의 움직임과 관련이 있다는 사실을 일찍이 인식한 고대 사람들은 태양의 위치와 별자리를 통해 계절을 예측했다. 특히 북두칠성의 모양과 북쪽 하늘의 별자리를 살펴봄으로써 봄의 시작 시점을 알 수 있었다. 마야인들은 태양, 달, 행성을 신으로 믿고 이들의 움직임을 관찰하면서 천체들이 일정한 주기로 회전한다는 사실을 발견하였다. 이를 바탕으로 365일을 주기로 하는 태양력을 비롯해 태음월력, 태음력, 탁금력 등 다양한 달력을 만들었다.

서양에서 사용된 달력은 로마 제정 시기부터 발전하기 시작했다. 그 이전의 달력은 1년을 10개월로만 나누고 있어 시간이 지남에 따라 계절과 맞지 않게 되었다. 이를 해결하기 위해 율리우스 카이사르는 윤달 제도를 도입하였고, 율리우스력은 1년이 12개월 365일로 구성되었다. 그러나 이 시스템에서의 1년은 365.25일로, 지구의 공전 주기인 365.242196일과 약간의 차이가 발생하였다.

이후 교황 그레고리우스 13세는 이 차이를 수정하기 위해 그레고리력을 제정했다. 그레고리력은 4로 나누어지는 해를 윤년으로 하고, 100의 배수인 해는 평년으로, 400의 배수인 해는 다시 윤년으로 설정하였다. 이를 통해 1년의 평균 길이는 365.2425일로 조정되었으며 태양의 공전 주기와 매우 근접한 오늘날의 달력 체계가 완성되었다.

① 마야인들은 자신의 태양력이 시간이 지남에 따라 계절과 어긋나게 됨을 인식하였다.
② 그레고리력은 1년을 10개월로만 나누고 있는 달력의 문제를 수정하기 위해 제정되었다.
③ 율리우스 카이사르는 1년을 365.2425일로 계산하여 지구의 공전 주기와 거의 일치하게 하였다.
④ 그레고리력 체계를 따른다면, 1600년과 1604년은 윤년, 1700년은 평년으로 설정되었을 것이다.

[9～10] 다음 글을 읽고 물음에 답하시오.

인간은 발달된 (가) 손 기능을 이용하여 도구를 만들어 사용하게 되었고 이는 인류 진화에 필연적인 요인이 되었다.

동물들의 앞발은 걷기나 뛰기에도 사용되지만, 인간의 앞발에 해당하는 ㉠손에는 촉각이 매우 발달하여서 땅을 딛는 데 적합하지 않다. 인간의 ㉡손은 사물을 잡거나 당기고, 던지고 비트는 등 다양한 동작을 수행하는 데 특화되어 있다. 성인 남성의 경우 40~50kg의 악력을 가지고 있어, 사물을 잡거나 당기는 데 효과적이다. 특히 다섯 개의 손가락을 개별적으로 움직일 수 있어 사물을 미세하게 조정할 수 있으며, 훈련을 거친다면 빠른 속도로 움직이는 것도 가능하다. 숙련된 피아니스트는 1분에 500번 이상 손쉽게 손가락을 움직일 수 있다.

인간의 손을 유인원과 비교했을 때 가장 큰 특징은 엄지손가락이 다른 손가락과 마주할 수 있는 대립 운동 능력이다. 이는 물체를 잡거나 조작하는 데 매우 유용하다. 유인원은 엄지를 제외한 네 개의 손가락을 동시에 이용해 물건을 잡지만, 인간은 주로 엄지와 다른 손가락, 특히 중지와 약지 사이에 물건을 끼워 잡는다. 또한 엄지손가락은 다른 손가락과 달리 두 개의 관절과 뼈로 되어 있어 벌림과 모음, 굽힘, 폄을 가능하게 한다. 이로 인해 ㉢손의 전체적인 움직임이 더 유연해져서 필요한 사물을 쉽게 ㉣손에 넣을 수 있게 되었다.

문 9. 윗글에서 추론한 내용으로 가장 적절한 것은?
① 동물들의 앞발은 촉각이 매우 발달하였기에 걷기나 뛰기에 적합하다.
② 유인원은 인간과 달리 엄지와 중지 사이에 물건을 끼워 잡는다.
③ 인간의 엄지손가락은 유인원과는 달리 대립 운동 능력을 갖고 있다.
④ 인간의 엄지손가락은 두 개의 관절과 뼈로 되어 있어 움직임이 둔하다.

문 10. ㉠~㉣ 중 문맥상 (가)에 해당하는 의미로 사용되지 않은 것은?
① ㉠
② ㉡
③ ㉢
④ ㉣

국 어

문 1. <공공언어 바로 쓰기 원칙>에 따라 <공문서>의 ㉠~㉣을 수정한 것으로 적절하지 않은 것은?

<공공언어 바로 쓰기 원칙>

○ 문장 성분 간 호응을 명확히 할 것.
○ 가급적 문장 표현을 간결하게 할 것.
○ 중복되는 표현을 피할 것.
○ 부적절한 피동 표현은 배제할 것.

<공문서>

한국 ○○ 진흥원

수 신 수신자 참조
(경 유)
제 목 문화 예술 관련 실무자 역량 강화 교육

1. 우리 원은 문화 예술 관련 기관·단체 소속 실무자와 예술 교육 ㉠담당자를 위한 문화·예술 전문 역량 강화를 위해 ㉡다양한 교육 과정이 기획·운영하고 있습니다.
2. 동 사업의 일환으로 다음과 같이 교육 행사를 개최하오니, 각 기관에서는 ㉢참석(최소 1인 이상)에 적극적으로 협조하여 주시기 바랍니다.

\- 다 음 -

가. 교육명: 한류 진흥 방안을 위한 전문가 초청 워크숍
나. 교육 목적: 한류의 지속적인 진흥을 위한 이해 촉진 및 전문가 양성
다. 교육 일시: 20○○. 10. 5.(월) 15:00 ~ 19:00
라. 교육 대상: 문화 행정 인력, 정부·지방자치단체 공무원
※ ㉣신청 인원이 과다하게 많으면, 문화 관련 업무 담당자 우선 선정 예정

① ㉠: 담당자의 문화·예술 전문 역량을 강화하고자
② ㉡: 다양한 교육 과정이 기획·운영되어지고 있습니다.
③ ㉢: 최소 1명 이상 참석하여 주시기 바랍니다.
④ ㉣ : 신청 인원이 많으면

문 2. 다음 글에서 추론한 내용으로 적절하지 않은 것은?

'책가방'과 '나비'는 모두 하나의 단어이다. 그런데 '책가방'은 '책+가방'으로 나누어도 '책'과 '가방'이라는 단어는 의미를 갖고 있지만, '나비'는 '나+비'로 쪼개면 전혀 다른 의미가 된다. 이처럼 더 쪼개면 전혀 의미가 없어지거나 쪼개기 이전과 관련된 의미가 없어지는 말의 단위를 '형태소'라고 한다. '나비'는 한 개의 형태소이지만 '책가방'은 형태소가 두 개이다. 형태소는 단어와는 다르다. 단어와 같거나 그보다 더 작은 단위인 것이다. "어제 먹은 떡이 맛있었다."라는 말에서 사람들은 '어제, 먹다, 떡, 맛있다' 등과 같은 어휘적 의미만을 생각한다. 이들은 각각 하나의 단어이다. 반면 문법학자는 이 문장을 '어제+먹+은+떡+이+맛+있+었+다'와 같이 분석한다. 여기서 '어제, 먹-, 떡, 맛, 있-'가 어휘적인 의미를 가지므로 각각이 하나의 형태소가 된다. 그런데 '-은, -이, -었-, -다'도 각각이 하나의 형태소가 된다. '-은'은 주제를 나타내고, '-이'는 주어를 나타내고, '-었-'은 시제상 과거임을 나타내고, '-다'는 이 문장이 종결되었음을 나타낸다.

① '나비'는 하나의 단어이지만 하나의 형태소이기도 하다.
② '먹다'는 '먹-'과 '-다'라는 두 개의 형태소로 구성되어 있다.
③ '맛있다'는 하나의 단어이지만, 세 개의 형태소로 이루어졌다.
④ '-었다'는 '-었-'과 '-다'로 쪼갤 수 있지만 쪼개기 이전과 관련되는 의미가 없어진다.

문 3. 다음 글의 ㉠, ㉡의 사례에 해당하지 않는 것은?

피동과 사동은 일상생활에서 자주 사용되는 문법 요소이다. 피동은 주어가 다른 주체에 의해 동작의 영향을 받는 것을 나타내는 표현이며, 사동은 주어가 남에게 동작을 하도록 시키는 것을 나타내는 표현이다. 피동은 주로 행위를 당하는 상황을, 사동은 누군가로 하여금 어떤 행위를 하게 만드는 상황을 표현할 때 사용된다. "문이 바람에 닫혔다."에서 '문'은 바람에 의해 닫히는 동작을 당한 것으로서 ㉠피동 표현에 해당한다. "엄마가 아이에게 밥을 먹였다."는 엄마가 아이로 하여금 밥을 먹게 하는 ㉡사동 표현의 예시이다.

① ㉠: 그 책은 많은 사람들에게 읽혔다.
② ㉠: 사슴이 사자에게 먹혔다.
③ ㉡: 상사가 직원에게 보고서를 작성하게 했다.
④ ㉡: 엎어진 물은 다시 담을 수가 없다.

문 4. 다음 글의 ㉠~㉢에 들어갈 말을 적절하게 나열한 것은?

이상의 「날개」는 초현실주의적 작품이라고 평가받는다. 그런데 1930년대 최재서는 이 작품을 박태원의 「천변풍경」과 비교하며 "「천변풍경」이 우리 문학의 리얼리즘을 일보 확대한 데 비하여 「날개」는 그것을 일보 심화하였다."라고 주장하였다. 두 작품이 소재는 판이하게 다르지만 관찰의 각도와 묘사의 수법의 측면에서 모두 주관을 떠나서 대상을 보려고 하였다는 것이다. 그 결과 박태원은 객관적 태도로써 객관을 보았고, 이상은 객관적 태도로써 주관을 보았다고 한다. 최재서는 예술의 리얼리티는 다루는 대상이 어느 것이든 객관적 태도로 진실하게 관찰하고 정확하게 묘사하는 데서 생겨나는 것이라고 한다. 그러면서 「천변풍경」에서 선명하고 다각적인 도회 묘사의 성과를, 그리고 「날개」에서 현대인의 분열된 의식에 대한 내면 묘사의 성과를 이룬 점을 각각 높이 평가하였다. 「천변풍경」을 [㉠]라고 하고, 「날개」를 [㉡]라고 칭한 이유가 여기에 있다. [㉢]를 리얼리즘의 핵심으로 간주하는 최재서의 이러한 주장은 당시의 현실 상황에 대한 아무런 진지한 의식과 고려도 없다는 점에서 무책임하다는 비판을 받기도 했다.

	㉠	㉡	㉢
①	리얼리즘의 심화	리얼리즘의 확대	객관적인 태도
②	리얼리즘의 확대	리얼리즘의 심화	객관적인 태도
③	리얼리즘의 심화	리얼리즘의 확대	주관적인 태도
④	리얼리즘의 확대	리얼리즘의 심화	주관적인 태도

문 5. 다음 진술이 모두 참일 때 진리치에 대한 판단으로 적절하지 않은 것은?

○ 김 선생이 독서 모임에 참여하면, 이 선생도 독서 모임에 참여한다.
○ 이 선생이 독서 모임에 참여하면, 박 선생은 감상 발표를 준비한다.
○ 박 선생이 감상 발표를 준비하지 않으면, 정 선생도 감상 발표를 준비하지 않는다.

① '김 선생이 독서 모임에 참여하면, 박 선생은 감상 발표를 준비하지 않는다.'는 거짓이다.
② '이 선생이 독서 모임에 참여하지 않으면, 정 선생은 감상 발표를 준비하지 않는다.'는 거짓일 수 있다.
③ '박 선생이 감상 발표를 준비하지 않으면, 김 선생은 독서 모임에 참여하지 않는다.'는 거짓일 수 있다.
④ '정 선생이 감상 발표를 준비하면, 박 선생은 감상 발표를 준비하지 않는다.'는 거짓이다.

문 6. 다음 글을 이해한 내용으로 가장 적절한 것은?

> 윤동주의 「서시」는 모두 4개의 문장으로 되어 있으며 시상이 전개됨에 따라 화자의 내면 성찰이 점차 깊어지는 점층적 구조를 띤다.
>
> 첫 번째 문장은 순결한 도덕적 삶을 살고자 했던 화자의 의지와 고뇌를 과거의 시점에서 말하고 있다. 화자는 지금까지 윤리적 판단의 절대적 기준이 되는 '하늘을 우러러' 보면서, '죽는 날까지' 세속적 삶과의 타협을 거부하고 어떤 '부끄럼'도 없는 삶을 살기를 기원했다. 그래서 '바람'에 흔들리는 나뭇잎의 아주 작은 흔들림에도 괴로워하면서 끊임없이 자신을 돌아보며 결백한 삶을 살고자 노력했다고 고백하고 있다.
>
> 두 번째 문장에서 '별을 노래하는 마음'은 화자의 순수한 예술적 열망을 드러내며 '모든 죽어가는 것들'은 인간애와 생명에 대한 존중을 드러낸다. 화자는 살아 있는 모든 존재에 대한 한없는 연민과 사랑을 나타내면서 미래의 삶에 대한 화자의 결의를 다짐하고 있다.
>
> 세 번째 문장에서 화자는 밤하늘에 빛나는 맑은 별을 노래하는 마음으로 삶의 고통에 부대끼는 모든 생명을 사랑하면서, 자신에게 주어진 길, 즉 부끄러움이 없는 삶을 향해 꿋꿋하게 걸어가야겠다고 다짐하고 있다.
>
> 그리고 마지막 문장인 '오늘 밤에도 별이 바람에 스치운다.'는 독립된 하나의 연을 이루면서 어두운 '밤'과 '별', 그리고 '바람' 간의 관계를 통해서 화자가 처한 상황을 드러내고, 도덕적 순결성에 대한 화자의 의지를 시적으로 승화시키고 있다.

① 「서시」는 시상이 전개됨에 따라 점차 성찰적 사고에서 벗어나고자 한다.
② 「서시」의 화자는 자신에게 주어진 길을 부끄러운 삶으로 인식하고 있다.
③ 「서시」는 과거→현재→미래라는 시간적 순서에 따라 시상이 전개되고 있다.
④ 「서시」는 '밤'과 '별' 그리고 '바람'의 상징적 시어를 통해 화자의 상황과 태도를 드러내고자 했다.

문 7. (가)~(라)를 맥락에 맞추어 가장 적절하게 나열한 것은?

> (가) 그러나 공유 경제의 확산에는 여러 사회적, 법적 과제가 따르며 일부 공유 경제 플랫폼에서는 이용자 보호와 노동자의 근로 조건이 충분히 보장되지 않는 경우가 있다. 이러한 문제들은 공유 경제의 지속 가능한 발전을 위한 중요한 과제가 된다.
> (나) 공유 경제는 물건이나 서비스를 소유하기보다는 다른 사람과 공유하는 방식으로 경제 활동이 이루어지는 모델이다. 이는 자원을 개인의 소유로 만드는 전통적인 소비 방식과 뚜렷한 차이를 보인다.
> (다) 따라서 공유 경제가 미래의 경제 모델로 자리 잡기 위해서는 이러한 문제들을 해결하고, 사회적 책임을 다하는 방식으로 발전해야 한다. 이를 통해 공유 경제는 자원의 효율적 사용과 사회적 가치를 실현함으로써 미래 세대의 발전을 이끌어갈 방향을 제시할 것이다.
> (라) 공유 경제는 경제적 효율성을 높이는 동시에 사회적 가치 창출에도 기여한다. 이는 자원의 낭비를 줄이고, 재사용을 효율적으로 돕는다. 또한, 공유 경제는 이용자 간의 신뢰를 바탕으로 사회적 연결망을 강화하고 공동체 의식을 증진시킬 수 있다.

① (나) – (가) – (라) – (다)
② (나) – (라) – (가) – (다)
③ (라) – (나) – (다) – (가)
④ (라) – (나) – (다) – (가)

문 8. <지침>에 따라 <개요>를 작성할 때 ㉠~㉣에 들어갈 내용으로 적절하지 않은 것은?

<지 침>

- 서론은 중심 소재의 개념 정의와 문제 제기를 1개의 장으로 작성할 것.
- 본론은 제목에서 밝힌 내용을 2개의 장으로 구성하되 각 장의 하위 항목끼리 대응되도록 작성할 것.
- 결론은 기대 효과와 향후 과제를 1개의 장으로 작성할 것.

<개 요>

○ 제목: 교육 격차의 원인과 해결 방안
Ⅰ. 서론
 1. 교육 격차의 정의
 2. [㉠]
Ⅱ. 교육 격차의 주요 원인
 1. 사교육 의존도 증가와 공교육의 한계
 2. [㉡]
Ⅲ. 교육 격차 해소를 위한 해결 방안
 1. [㉢]
 2. 농어촌 및 소외 지역 학교의 인프라 개선
Ⅳ. 결론
 1. 개인의 잠재력 극대화 및 사회적 불평등 완화
 2. [㉣]

① ㉠: 교육 격차로 인한 사회적 불평등 초래
② ㉡: 도시와 농촌 간 교육 자원의 불균형
③ ㉢: 학업 성취도별 차등화된 대학 입학 추진
④ ㉣: 지속 가능한 교육 모델 구축

문 9. 다음 글의 빈칸에 들어갈 결론으로 가장 적절한 것은?

> 스위스-미국-벨기에 공동연구팀은 스위스 내 독일어를 사용하는 도시와 농촌 지역에 거주하는 12~17세 청소년 895명을 대상으로 스마트폰 전자파 노출이 기억력에 미치는 영향을 분석하였다. 연구팀은 조사 대상 청소년들의 언어 기억력과 도형 기억력을 측정하고, 1년 후 동일한 기억력 테스트를 반복하여 실시하였다. 또한 청소년들의 통화 시간을 확인하기 위해 이들이 사용하는 휴대전화 사업자로부터 1년간의 통화 기록을 제공받았다. 연구팀 관계자는 통화 이외에도 문자 메시지, 게임, 인터넷 검색 등 다양한 활동에서 전자파에 노출될 가능성이 있지만, 전자파와 기억력 간의 상관관계를 객관적으로 분석하기 위해 통화 시간을 중심으로 연구를 진행했다고 설명하였다. 1년 후 동일한 기억력 측정을 실시한 결과, 전자파에 지속적으로 노출될 경우 도형 기억력 발달에 부정적인 영향을 미칠 가능성이 확인되었다. 특히 하루에 15~20분 이상 통화를 한 청소년들은 그렇지 않은 청소년들에 비해 기억력 감소가 더 두드러졌다. 연구팀은 이로부터 [   ]는 결론을 내릴 수 있었다.

① 청소년의 기억력 저하는 과다한 문자 메시지 사용으로 이어질 가능성이 있다
② 장시간 통화 환경에 노출된 청소년은 기억 능력 저하에 결정적인 영향을 미칠 수 있다
③ 청소년이 전자파에 지속적으로 노출될 경우 성인에 비해 두뇌 발달에 심각한 해를 끼칠 수 있다
④ 스마트폰 전자파 노출은 기억력뿐만 아니라 청소년의 신경 발달에도 부정적인 영향을 미친다

국 어

문 1. <공공언어 바로 쓰기 원칙>에 따라 수정한 것으로 적절하지 않은 것은?

<공공언어 바로 쓰기 원칙>

○ 서술어와 목적어의 호응
 - ㉠ 생략된 문장 성분을 밝히어 쓸 것.
○ 외국 문자를 쓰지 않기
 - ㉡ 외국 문자는 한글로 적거나 다듬은 우리말로 적음.
○ 올바른 표현
 - ㉢ 불필요한 사동 표현을 지양할 것.
 - ㉣ 정확한 띄어쓰기를 통해 모호한 문장 삼가기.

① "봄에 씨를 뿌리면 가을에 수확할 수 있기 때문에"를 ㉠에 따라 "봄에 씨를 뿌리면 가을에 작물을 수확할 수 있기 때문에"로 수정한다.
② "관련 기관과 MOU를 체결한 후"를 ㉡에 따라 "관련 기관과 업무 협정을 체결한 후"로 수정한다.
③ "재난에 대응하여 관련 부처들을 잘 연결시키도록 함."을 ㉢에 따라 "재난에 대응하여 관련 부처들을 잘 연결하도록 함."으로 수정한다.
④ "실무 담당자 50여 명이 한자리에 모여"를 ㉣에 따라 "실무 담당자 50여 명이 한 자리에 모여"로 수정한다.

문 2. 다음 글을 이해한 내용으로 적절하지 않은 것은?

중세 유럽의 전쟁에서 사용된 군사 용어는 전술 구사 방법, 문화적 배경, 무기의 형태 등에 따라 구분되었으며 이러한 작명의 과정에서 주목한 특징은 각기 달랐다.

예를 들어, '숨다'라는 의미를 지닌 '앰부시(Ambush)'는 지나가는 적을 몰래 기습 공격하는 전술을, '브리칭(Breaching)'은 '뚫다'라는 뜻으로, 성벽이나 방어 시설을 돌파하는 전술을 의미한다. '시즈(Siege)'는 포위 공격을 의미하며 적의 요새나 도시를 둘러싸고 공격하는 전술이다. '쉐보쉐(Chevauchée)'는 12세기 프랑스에서 처음 등장한 용어로, 적의 자원을 파괴하고 약탈하기 위한 기병 습격을 의미한다. '시발리(Chivalry)'는 11~16세기에 걸쳐 발전한 기사도 정신을 나타내는 용어이다. 이 두 용어는 모두 프랑스어로 '말'을 의미하는 '슈발(cheval)'에서 유래하였다는 문화적 배경을 바탕으로 한다.

'맥(Mace)'은 긴 손잡이에 무거운 금속 머리가 달린 무기로, 보통 갑옷을 입은 적을 상대할 때 사용되었다. 긴 창에 날붙이가 달린 무기들을 '폴 암(Polearm)'이라 총칭하였다. 다양한 무기들을 포함하는 폴 암에는 큰 창끝에 도끼와 창끝이 결합한 형태의 '할버드(Halberd)'와 날이 긴 창인 '글레이브(Glaive)'가 포함된다.

① 성벽이나 방어 시설을 돌파하는 전술인 '브리칭'은 전술 구사 방법에 따른 용어이다.
② 12세기 프랑스에서 처음 등장한 '쉐보쉐'라는 용어는 문화적 배경에 따른 용어이다.
③ '앰부시'는 숨겨진 위치에서 지나가는 적을 기습 공격하는 용어를 의미하며 이는 전술 구사 방법에 따른 용어이다.
④ 큰 창끝에 도끼와 창끝이 결합한 무기와 날이 긴 창은 '할버드'에 포함되며 이는 무기의 형태에 따른 용어이다.

문 3. 다음 글의 중심 내용으로 가장 적절한 것은?

L. 랑케와 E.H. 카는 각각 근대 역사학의 형성기와 전환기에 중요한 역할을 한 역사학자들이다. 랑케는 19세기 독일의 역사학자로, 근대 역사주의를 주창하며 객관적이고 과학적인 역사 연구 방법을 강조하였다. 그는 역사 연구에서 역사적 사실을 중요시하며 엄밀한 사료 검증과 객관적 서술을 강조하였다. 반면, 20세기 영국의 역사학자인 카는 객관적 사실만으로는 역사를 구성할 수 없다고 언급하며 역사가의 역할과 해석의 중요성을 주장하였다. 역사적 사실이 독립적으로 존재하지만, 그 의미와 중요성은 역사가의 해석을 통해 부여됨을 언급하며 역사가가 단순히 과거 사실을 기계적으로 편집하거나 현재의 목적에 맞춰 과거를 왜곡하는 오류를 피해야 할 것을 주장하였다.

역사가의 임무에 대하여 랑케는 과거를 있는 그대로 재현하는 것이라고 보았으며 이러한 그의 역사관은 '원래 그러했던 그대로(wie es eigentlich gewesen)'라는 표현을 통해 잘 드러난다. 카는 '역사는 현재와 과거의 끊임없는 대화'라는 명제를 통해 역사가와 사실 간의 상호작용을 중시하였다. 즉, 랑케는 객관적 사실을 강조하며 '사실이 스스로 말하게 해야 한다.'라고 주장했고, 카는 사실이 역사가의 올바른 해석을 통해 의미를 얻는다고 보았음에도, 사실 자체는 역사 연구의 필수 요소로 간주하였다.

① 역사는 현재와 과거의 대화를 통해 과거를 기계적으로 재현하는 데 의의가 있다.
② 역사적 사실의 의미와 중요성은 역사가의 해석과 상호작용을 통해서만 부여되는 것이다.
③ 객관적 사실의 재현과 해석은 모두 역사적 사실의 중요성을 인지하는 데 기반을 둔다.
④ 과거의 역사적 사실은 현재의 목적에 합당하도록 변형시킬 수 있다.

문 4. 다음 글의 ㉠~㉣ 중 어색한 곳을 찾아 가장 적절하게 수정한 것은?

국어는 문법적 기능을 담당하는 요소인 조사가 풍부하게 발달한 언어이다. "영수가 삼국지를 읽었다."에서 '삼국지'에는 '를'이 붙어 있는데, '를'은 '삼국지'가 이 문장의 목적어임을 드러내는 표지이다. 그런데 "영수가 삼국지는 읽었다."에서 '삼국지' 뒤에 붙은 '는'은 '삼국지'가 ㉠ 목적어임을 표시하는 기능 없이 의미만을 더해 주는 기능을 한다. 즉 '영수가 삼국지가 아닌 다른 책은 읽지 않았다.'라는 뜻을 내포하고 있다.

이처럼 조사는 체언에 붙어 다른 말과의 관계를 표시하는 격 조사와 특별한 의미를 더해 주는 기능을 하는 보조사가 있다. 격 조사는 문장 내에서 ㉡ 체언의 문법적 기능을 나타내며 주로 체언 뒤에 붙어 사용된다. 보조사는 ㉢ 체언을 제외한 다양한 품사와 결합하여 특별한 의미를 더해 주는데 '는/은' 이외에도 '라도', '야', '처럼' 등도 쓰이고 있다. "국수라도 먹으렴."에서 '라도'는 차선의 의미를 부여하며, "영어야 철수가 도사지."에서 '야'는 특별함을 강조한다. 또한 "그는 아이처럼 순진하다."에서 '처럼'은 비교의 의미를 더한다. 그런데 "나 밥 먹었어."처럼 격 조사는 보조사와 달리 ㉣ 구어체에서 자주 생략된다는 특징이 있다.

① ㉠: 목적어임을 표시하는 기능과 함께 의미를 더해 주는 기능
② ㉡: 용언의 문법적 기능을 나타내며
③ ㉢: 체언뿐만 아니라 다양한 품사와 결합하여
④ ㉣: 구어체에서 자주 함축된다는 특징

문 5. 다음 글에 대한 설명으로 가장 적절한 것은?

이카루스 신화는 인간의 욕망과 한계를 탐구하는 이야기로, 이상과 현실이라는 두 개념을 통해 그 의미를 드러낸다. 이러한 이카루스의 이야기를 표현한 두 작품 헨리 마티스의 「이카루스의 비행」과 마르크 샤갈의 「이카루스의 추락」은 이 이야기를 통해 인간의 야망과 한계를 상징적으로 표현하였다.

마티스는 「이카루스의 비행」에서 단순화된 형태와 선을 사용하여 평면적인 구성을 만들어 내었다. 반면 샤갈의 「이카루스의 추락」은 복잡한 구성과 다층적인 공간감을 통해 현실과 비현실을 넘나드는 초현실주의적 요소를 강조하였다. 작품 속 이카루스뿐만 아니라 다양한 인물과 동물들이 얽혀 있으며 중세 종교화처럼 원근법을 사용하여 깊이감을 조성한 샤갈의 화풍과, 깊은 파란색 배경에 노란 태양과 검은 인물을 배치하여 색채를 강렬하게 대비시킴으로써 시각적 효과를 극대화한 마티스의 화풍은 각각의 특징을 잘 드러낸다. 마티스의 작품은 신비롭고 평온한 느낌을 주며 비행에 대한 열정을 붉은 심장으로 상징하고 있다. 샤갈은 다양한 색조를 활용하여 풍부한 색감을 표현하였고, 이카루스의 추락을 서사적으로 풀어내며 더 넓은 맥락을 전달하고자 하였다.

두 작품은 같은 신화를 다루면서도, 각기 다른 화풍과 시각적 접근으로 주제를 새롭게 해석하고 표현했다는 점에서 미술사적으로 중요한 의미를 지닌다고 할 수 있다.

① 마티스와 샤갈은 모두 동일한 시각적 접근으로 이카루스의 주제를 새롭게 해석하였다.
② 마티스와 샤갈은 모두 중세 종교화와 같은 방식을 통해 인간의 야망과 한계를 깊이감 있게 표현하였다.
③ 마티스는 이카루스의 비행을 신비롭고 평온한 느낌으로 표현하였고, 샤갈은 이카루스의 추락을 넓은 맥락의 서사로 풀어내었다.
④ 마티스는 다양한 색조를 활용하여 시각적 효과를 극대화하였고, 샤갈은 강렬한 색채 대비를 활용하여 풍부한 색감을 표현하였다.

문 6. 다음 빈칸에 들어갈 말로 가장 적절한 것은?

『죄와 벌』의 작가로 널리 알려진 도스토옙스키의 유작인 『카라마조프가의 형제들』은 산업화 사회의 러시아 사회를 배경으로 한다. 해당 사회는 알렉산드르 2세에 의해 1861년 농노 해방령이 시행된 이후 산업화가 급속히 진행되었고, 도시와 농촌의 격차가 심화되면서 러시아의 사회적, 경제적 불안이 커졌다. 이러한 시대적 상황은 작품이 다루는 인간 본성, 도덕적 가치, 신앙에 대한 고민과 맞닿아 있다. 그러나 작품 속 철학적 논쟁과 신학적 질문들은 더 오래된 사상적 흐름과 연결된다. 17세기 러시아 정교회의 종교적 논의나 18세기 계몽주의 사상은 작품의 주요 주제인 '신의 존재'와 '인간의 자유 의지'에 큰 영향을 미쳤다. 또한 18세기 후반 서구화된 사상들이 지식인들 사이에서 활발히 논의되던 시기와도 관련이 깊다. 이 작품은 러시아의 역사적 배경 속에서 탄생했지만, 그 사상적 뿌리는 17세기와 18세기까지 거슬러 올라가는 복합적 시대상을 반영하고 있다. 이러한 근거를 토대로 추론할 때, 이 작품의 창작 시기는 아마도 ______________일 가능성이 크다.

① 18세기 초반
② 18세기 후반
③ 19세기 초반
④ 19세기 후반

문 7. (가)~(다)를 맥락에 맞게 순서대로 나열한 것은?

고분은 고대인의 무덤을 가리키는데, 무덤의 크기나 묻힌 사람의 신분에 따라 그 명칭을 달리한다.

(가) 고려 말 공민왕릉에서 완성된 왕릉제는 조선 왕릉의 원형이 되었다. 조선의 왕릉은 유교적 예법과 우주관을 반영한 설계로 이루어졌다. 조선 왕릉은 속세를 상징하는 공간으로 재실, 연못, 금천교 등이 위치한 진입 공간과 홍살문, 정자각, 수복방 등이 있는 중간 영역인 제향 공간 그리고 비각과 능침이 있는 성역 공간으로 구성된다.

(나) 능은 통일신라 시대부터 기본 구조가 갖추어진 후 고려를 거쳐 조선 시대에 완성이 된다. 고려의 왕릉은 이전 시대부터 있었던 십이지상과 석물 등의 전통을 계승하면서도 망주석, 장명등, 정자각 등을 추가하였다.

(다) 무덤의 크기가 비교적 작으면서 무덤의 주인공이 왕이 아닐 경우 '묘(墓)'라고 부른다. 비교적 크기가 큰 대형묘로 주인을 밝힐 수 없는 무덤은 '총(塚)'이라 하고, 묻힌 사람의 신분이 왕으로 밝혀진 무덤의 경우는 '능(陵)'이라 한다.

① (가) - (다) - (나)
② (나) - (가) - (다)
③ (다) - (가) - (나)
④ (다) - (나) - (가)

문 8. 다음 글에서 추론한 내용으로 가장 적절한 것은?

일주일의 시작 요일은 문화와 종교적 배경에 따라 달라진다. 오늘날 대부분의 나라에서는 월요일을 일주일의 첫날로 삼지만, 일부 국가와 종교에서는 여전히 일요일이나 토요일이 한 주의 시작으로 여겨진다. 그렇다면 일주일의 시작 요일은 어떻게 다르게 정해졌을까?

고대에는 '일주일'이라는 개념 자체가 명확하지 않았다. 일주일이 7일로 정해진 것은 바빌로니아 문명에서 유래한다. 그들은 천체를 관측하며 태양과 달 그리고 다섯 개의 행성에 각각의 날을 할당하였고, 이를 바탕으로 7일 주기를 만들었다. 이후 이 개념은 유대교를 통해 『성경』에 반영되었다. 구약 성경에 따르면 하나님은 세상을 창조한 후 일곱째 날에 쉬었으며 이날을 '안식일'이자 한 주의 첫날로 지정했다. 이에 따라 유대교에서는 토요일이 한 주의 마지막 날이자 신성한 날로 여겨졌고, 토요일 해 질 무렵부터 새로운 한 주가 시작되는 것으로 간주하였다. 기독교가 확산되면서 일요일이 강조되기 시작했다. 예수의 부활이 일요일에 이루어졌기 때문에 기독교인들은 일요일을 신성한 날이자 한 주의 시작일로 삼았다. 반면 이슬람교에서는 금요일을 '주일 예배일'이자 시작일로 지정하면서 주의 시작과 끝의 기준이 또 다른 양상을 띠게 되었다.

이후 20세기 들어 국제 표준화 기구(ISO)는 일주일의 시작을 월요일로 정했지만, 미국과 일부 국가들은 여전히 일요일을 첫날로 사용하고 있다.

① 월요일이 한 주의 시작으로 정해진 것은 바빌로니아 문명에서 유래하였다.
② 이슬람교에서는 종교적 이유로 주의 시작을 주일 예배일인 금요일로 지정하였다.
③ 천체를 관측하여 7일의 주기를 완성한 방법은 기독교에 의해 『성경』에 반영되었다.
④ 국제 표준화 기구가 시작 요일로 지정한 월요일을 모든 국가들이 일주일의 첫날로 삼게 되었다.

[9~10] 다음 글을 읽고 물음에 답하시오.

우리는 자기 ㉠눈에 보이는 세상만을 믿고 산다고 한다. 그렇다면 개 눈에 세상은 어떻게 보일까. 널리 알려진 바에 의하면 개는 흑백으로 된 세상에 산다는 것이다.

미국의 심리학자 제이 니츠는 개에게 같은 색 원판 두 개와 다른 색 원판 한 개를 보여 주고 개가 다른 빛깔의 판에 코를 대면 맛있는 간식을 주는 실험을 했다. 그 결과 개가 색깔을 구별한다는 사실과 함께 개는 사람과 달리 2가지 파장대의 색만을 볼 수 있다고 밝혔다. 사람은 삼색형 색각을 가지고 있어 빨강, 초록, 파랑을 포함한 다양한 색상을 인식할 수 있지만, 개의 ㉡눈에는 이색형 색각이 있어 노랑과 파랑만을 인식하며, 빨강과 녹색은 회색이나 갈색으로 보인다는 것이다.

밝은 곳에서 시각도 사람이 개보다 한 수 위이다. 색깔을 감지하고 선명하게 상을 보는 데 필요한 원뿔세포의 수는 개가 120만 개인데 사람은 그보다 5배 많은 600만 개에 이른다. 이렇듯 사물을 보고 판단하는 (가)눈이 동물보다 우월한 이유도 눈이라는 감각 기관과 관련이 된다. 그러나 어두운 곳에서 개와 사람의 시력은 우열이 뒤바뀐다. 개의 망막에는 인간보다 더 많은 막대세포가 있어 어두운 환경에서 더 잘 볼 수 있다. 또한 ㉢눈 뒤편에는 망막을 통해 들어오는 빛을 모아 반사하는 거울 구실을 하는 타페텀이라는 반사층이 있어 야간 시력을 극대화한다. 손전등으로 개나 야생동물의 눈을 비추면 ㉣눈에 불을 켠 것처럼 보이는 이유이기도 하다.

문 9. 윗글에서 추론한 내용으로 가장 적절한 것은?

① 동물의 눈이 불을 켠 것처럼 보이는 것은 타페텀 때문이다.
② 원뿔세포는 어두운 곳을 더 잘 보게 하는 기능을 갖고 있다.
③ 삼색형 색각은 이색형 색각보다 색상의 구분 능력이 떨어진다.
④ 니츠의 실험에서 개는 같은 색의 판에 코를 대야 간식을 먹을 수 있었다.

문 10. ㉠~㉣ 중 문맥상 (가)에 해당하는 의미로 사용된 것은?

① ㉠
② ㉡
③ ㉢
④ ㉣

[11~12] 다음 글을 읽고 물음에 답하시오.

항공 우주 탐사는 지구 밖 우주와 다른 행성을 탐사 대상으로 삼으며 이를 위해 고도의 기술력과 막대한 자원이 요구된다. 최근에는 우주 수송 기술의 발전으로 우주 접근성이 크게 향상되었다. 한국항공우주연구원은 우주 수송 기술 개발을 목표로 삼아 재사용 가능한 발사체, 소형 위성 전용 발사체, 유인 우주선과 같은 첨단 기술을 개발하고 있다. 이러한 기술의 발전은 우주 탐사 비용을 절감하고 탐사의 범위와 대상을 확장하는 데 기여한다. 또한 방대한 데이터의 수집과 기술적 혁신을 통해 항공 우주 탐사는 인류의 지식 지평을 넓히는 데 중요한 역할을 하고 있다.

심해 탐사는 지구의 바다 깊은 곳을 탐사 대상으로 하며 극단적 압력과 어둠 같은 환경에 ㉠대응하기 위해 특수한 장비와 기술이 요구된다. 예를 들어, 유인 잠수정 알빈은 약 4,000m 깊이까지 잠수할 수 있으며, 트리에스테는 1960년 마리아나 해구 탐사에 사용된 바 있다. 무인 잠수정 또한 중요한 역할을 한다. 원격 조종 잠수정은 최대 6,000m 깊이까지 작업할 수 있고, 자율 무인 잠수정은 사전에 설정된 경로를 따라 독립적으로 운행한다. 하이브리드 ROV는 두 기술의 장점을 결합한 장비로 다양한 환경에서 활용된다. 심해 탐사는 접근성이 상대적으로 높아 여러 규모의 프로젝트를 동시에 진행하기 용이하며 해양과학, 생물학, 지질학 등 다양한 분야에 유용한 연구 결과를 제공한다.

문 11. 윗글에서 추론한 내용으로 적절하지 않은 것은?

① 심해 탐사를 통해 얻어진 연구 결과는 해양과학뿐 아니라 생물학, 지질학 등 다양한 학문 분야에 활용된다.
② 항공 우주 탐사는 심해 탐사에 비해 탐사 대상의 접근성이 높아 다양한 프로젝트를 동시에 진행하기 용이하다.
③ 심해 탐사는 극단적 환경에서 작업하기 위해 유인 잠수정과 무인 잠수정 기술을 혼합한 하이브리드 장비를 활용한다.
④ 한국항공우주연구원이 개발 중인 우주 수송 기술은 재사용 가능한 발사체, 소형 위성 전용 발사체, 유인 우주선을 포함한다.

문 12. 밑줄 친 표현이 문맥상 ㉠의 의미와 가장 가까운 것은?

① 기업은 소비자들의 요구 변화에 발 빠르게 대응해야 살아남을 수 있다.
② 사회적 요구와 기술 발전이 서로 대응하면서 새로운 산업이 창출되었다.
③ 각 팀의 역할이 프로젝트의 진행 상황에 따라 서로 대응하도록 조정되었다.
④ 이 함수는 두 집합의 원소들이 주어진 규칙에 따라 일대일로 대응하도록 정의된다.

문 13. 갑~병의 주장을 분석한 내용으로 적절한 것만을 <보기>에서 모두 고르면?

갑: 한국의 노인 빈곤율은 37.6%로 OECD 평균의 약 3배이다. 이러한 노인 빈곤 문제의 해결책의 하나로 정년 연장을 들 수 있다. 정년 연장은 저출산으로 인한 노동력 부족의 대안으로 생산가능인구 감소에도 대응할 수 있다. 연금 수급 시기를 늦춰 국민연금 고갈 시점을 지연시킬 수 있다는 장점도 있다.
을: 한국개발연구원(KDI)의 연구에 따르면, 정년 연장으로 인해 민간 부문에서 고령 고용이 1명 증가할 때 청년 고용은 0.2명이나 감소하는 것으로 나타났다. 한국경제연구원의 설문조사 결과에서도 20대 청년의 63.9%가 정년 연장이 청년 신규 채용에 부정적 영향을 줄 것이라고 응답했다. 실제적으로 정년 연장으로 인해 제조업은 0.3명, 사업시설 관리·사업지원 및 임대 서비스업은 0.4명, 교육서비스업과 금융·보험업은 0.6명 이상 등 청년 고용 감소가 더 뚜렷했기에 정년 연장은 재고되어야 한다.
병: 한 경제 내의 일자리 총량이 고정되어 있다고 가정하는 노동 총량설에 의하면 고령 근로자의 증가는 필연적으로 청년 근로자의 감소를 수반한다. 하지만 이것은 경제가 성장하면 각 연령층의 일자리가 함께 늘어날 수 있다는 점을 간과하고 있다. 청년층과 고령층이 선호하는 직종과 업무가 다르기 때문에, 두 계층의 일자리가 상호 보완적일 수 있다.

<보 기>

ㄱ. 갑의 주장과 을의 주장은 대립하지 않는다.
ㄴ. 을의 주장과 병의 주장은 대립하지 않는다.
ㄷ. 병의 주장과 갑의 주장은 대립하지 않는다.

① ㄱ
② ㄴ
③ ㄷ
④ ㄴ, ㄷ

문 14. (가)와 (나)를 전제로 결론을 이끌어 낼 때, 빈칸에 들어갈 말로 가장 적절한 것은?

(가) 여름에 휴가를 가는 사람 중 일부는 연말에 휴가를 간다.
(나) 징검다리 연휴 때 휴가를 가는 사람은 모두 연말에 휴가를 가지 않는다.
따라서 (   )

① 징검다리 연휴 때 휴가를 가지 않은 사람은 모두 연말에 휴가를 가지 않는다.
② 여름에 휴가를 가면서도 징검다리 연휴 때 휴가를 떠나는 사람 중 일부는 연말에 휴가를 간다.
③ 연말에 휴가를 가면서 징검다리 연휴 때 휴가를 가지 않은 사람 중 일부는 여름에 휴가를 간다.
④ 징검다리 연휴 때에 휴가를 가면서 여름에 휴가를 가지 않는 사람은 연말에 휴가를 간다.

문 15. 다음 글의 ㉠과 ㉡에 대한 평가로 올바른 것은?

교육의 효과성을 평가할 때는 학생 참여도, 기술 도입, 교사의 역량을 살펴본다. 학생 참여도는 학생이 학습에 얼마나 적극적으로 참여했는지를, 기술 도입은 최신 교육 기술이 얼마나 효과적으로 사용되었는지를, 교사의 역량은 교사가 얼마나 효과적으로 수업을 이끌었는지를 기준으로 평가한다. ㉠이 세 요소에서 모두 목표를 달성하는 것은 교육의 효과를 높이기 위해 필수적이다. 그러나 ㉡이 세 요소 모두에서 목표가 충족되었다고 해서 교육의 효과가 늘 높게 나타나는 것은 아니다.

① 교육의 효과가 높게 나타나지 않은 사례가 학생 참여도, 기술 도입, 교사의 역량 중 하나만 목표를 달성했다면, ㉠은 약화된다.
② 교육의 효과를 높인 사례가 학생 참여도, 기술 도입, 교사의 역량 모두에서 목표를 달성했다면, ㉠은 약화된다.
③ 학생 참여도, 기술 도입, 교사의 역량 모두에서 목표를 달성했지만, 교육의 효과가 높게 나타나지 않은 사례가 있다면, ㉡은 강화된다.
④ 학생 참여도, 기술 도입, 교사의 역량 중 모든 요소가 충족되었을 때 언제나 교육의 효과가 높았다면, ㉡은 강화된다.

문 16. 다음 글의 ㉠을 강화하는 것만을 <보기>에서 모두 고르면?

> 인류의 이주 경로에 대해 가장 널리 받아들여지고 있는 이론은 '아프리카 출발설'이다. 이 이론에 따르면, 약 30만 년 전 아프리카에서 발생한 현생 인류인 호모 사피엔스는 약 13만 년 전부터 다른 대륙으로 이주를 시작했다고 한다. 이 주장은 유전자 분석과 화석 발굴 등을 통해 뒷받침되었다.
> 주요 이동 경로는 아프리카에서 중동을 거쳐 유럽과 아시아로 확장되었으며 이후 지구의 기후가 변화하면서 한 축은 호주와 오세아니아로, 다른 한 축은 약 1만 5천 년 전 베링 육교를 통해 아메리카 대륙에 도달했다고 여겨진다. 이를 통해 인간이 새로운 환경에 적응하고 정착하게 되었던 것으로 보이며 인간은 유럽과 아시아를 포함한 전 대륙에 자리 잡았고, 다양한 지역에서 진화한 다양한 인종적 특성을 가진 집단들이 형성되었다. 그러나 기존의 아프리카 출발설에는 이주 경로와 시점에 대한 논란이 존재한다. 이에 따라 현생 인류가 아닌, 고인류들이 다양한 기후대에서 동시에 이동했고, 거기에서 현생 인류로 진화하였다는 새로운 ㉠ 주장이 제기되었다.

<보 기>

ㄱ. 미토콘드리아 DNA 분석을 통해 아프리카가 현생 인류의 발상지였음이 입증되었다.
ㄴ. 호모 사피엔스의 진화적 조상과 유사한 형태의 초기 인간 화석들이 아프리카에서만 발견되었다.
ㄷ. 현생 인류로 진화한 고인류의 화석과 유물이 아프리카뿐만 아니라 유럽, 아시아, 오세아니아 등지에서 동시에 발견되었다.

① ㄱ, ㄴ ② ㄷ
③ ㄴ, ㄷ ④ ㄱ, ㄴ, ㄷ

[17~18] 다음 글을 읽고 물음에 답하시오.

> 시조는 초장, 중장, 종장으로 구성된 3장 형식을 갖추되 종장의 첫 음보는 3음절로 고정되어 있으며 전체의 음절 수는 전체적으로 45자 내외로 구성되어 있다. 이것을 근거로 (가) 시조는 우리나라의 고유한 정형시라는 주장이 널리 퍼져있다. 그런데 시조의 기본 형식은 절대적인 규칙이 아니라 가상적인 기준형이라고 하면서 (나) 시조는 비정형시라는 주장도 제기되고 있다. 지금까지 전해지는 약 4만 6천여 편의 시조 중에서 초·중·종장이 정형성을 갖춘 것은 4%도 안 된다고 하면서 ㉠ 전자보다 ㉡ 후자가 더 보편성을 갖추고 있다는 근거를 제시한다. 기본 운율에 1~2음절을 더하거나 뺄 수 있는 음절 수 변화를 보이는 엇시조는 물론, 초장이나 중장이 한없이 늘어나는 사설시조와 같은 변형된 형태도 상당히 존재한다고 한다.
> 시조 형식의 정형성과 비정형성은 시조의 미학에 대한 해석의 기준이 되기도 한다. ㉢ 전자는 음절 수의 제한으로 인해 각 구와 장의 의미 단위를 유지함으로써 ㉣ 후자가 갖추지 못한 절제된 자유의 참맛을 드러내며, 정형적 율격은 비정형적 율격에서 느낄 수 없는 독특한 리듬감과 음악성을 만들어 낸다. 반면에 ㉤ 후자는 ㉥ 전자가 제한하고 있는 시인의 감정과 생각을 더 자유롭게 표현한다는 장점이 있다. 현대에 들어와서 시조의 형식은 더욱 유연해져서 전통적인 3장 구조에서 벗어나 더 많은 행으로 구성된 시조가 등장했다는 것도 시조의 비정형성을 시조 미학의 근간으로 삼는 이유가 되고 있다.

문 17. 윗글의 (가)와 (나)의 주장에 대해 평가한 내용으로 가장 적절한 것은?

① 시조의 기본 형식이 절대적인 규칙이 아니라 가상적인 기준형이라는 것이 보편적으로 받아들여진다면 (나)의 주장은 약화된다.
② 시조를 구성하는 구와 장의 의미 단위를 유지함으로써 발생하는 심미적 완성도에 주목한다면 (가)의 주장은 약화된다.
③ 시조를 현대적으로 계승한 작가들이 전통적인 3장 구조를 유지하는 작품을 더욱 많이 창작한다면 (나)의 주장은 강화된다.
④ 엇시조나 사설시조보다 초·중·종장이 정형성을 갖춘 시조가 더 많이 발견된다면 (가)의 주장은 강화된다.

문 18. 윗글의 ㉠~㉥ 중 지시하는 바가 같은 것끼리 짝지은 것은?

① ㉠, ㉣
② ㉠, ㉤
③ ㉡, ㉥
④ ㉣, ㉤

문 19. 다음 빈칸에 들어갈 말로 가장 적절한 것은?

> 개, 고양이, 돼지, 소의 네 마리 동물에 관하여 다음과 같은 사실들이 알려졌다.
>
> ○ 개나 고양이 중 적어도 하나는 방 안에 있다.
> ○ 고양이가 방 안에 있다면 돼지는 우리 안이나 부엌에 있다.
> ○ 돼지가 우리 안이나 부엌에 있다면 소는 밭에 있지 않다.
> ○ 소가 밭에 있다.
>
> 이를 통해 개가 [　　　　]에 있다는 것을 알 수 있게 되었다.

① 방 안
② 우리 안
③ 부엌
④ 밭

문 20. 다음 글을 이해한 내용으로 가장 적절한 것은?

> 방언은 분화 요인에 따라 지역적인 거리 때문에 생겨난 지역 방언과 사회적인 계층의 차이 때문에 생겨난 사회 방언으로 나뉜다. 사회 방언 성립의 요인으로 대표적인 것은 사회 계층과 성별 그리고 연령 등이다. 지역 방언이 특화된 경상도 안동에서는 할아버지를 지칭할 때 양반층의 후손들은 '큰아베'라 하고, 평민층은 '할베'라고 다르게 말하는 경향이 있다. 일정한 지역 내에서도 사회 계층에 따른 방언 분화가 드러나고 있음을 보여 주는 사례라고 할 수 있다. 성별(性別) 역시 사회 방언 성립의 중요한 요인이다. '어머나', '몰라 몰라' 등과 같이 사회적으로 여자에게만 용인되는 표현은 남녀의 언어차를 만들기도 한다. 남자들이 단호한 표현을 주로 쓰는 데 비해 여자들은 자신의 의사를 강하게 표현하지 못하는 경향을 보이는 것도 일종의 사회 방언이다. 연령에 따라 말이 달라지는 현상 역시 사회 방언으로서 '자네 나 좀 보세.'와 같은 말은 중년의 남성들이 쓰는 말이며, '무지 많다.'나 '참 웃기다.'는 젊은이들이 주로 쓴다. 지역 방언이 오랜 기간 동안 유지되는 경향이 있지만, 사회 방언은 상대적으로 사회 변화에 따라 빠르게 변화한다는 특징이 있다.

① 젊은이들은 중년이 되어도 자신이 쓰던 사회 방언을 계속 구사하게 된다.
② 사회 방언은 양반층에서, 지역 방언은 서민층에서 더욱 두드러지게 나타난다.
③ 지역 방언이 있는 곳이라도 사회 계층이 분화되었다면 사회 방언은 발생한다.
④ 여자들이 자신의 의사를 강하게 표현한다면 성별로 인한 사회 방언은 사라지게 된다.

[10~11] 다음 글을 읽고 물음에 답하시오.

비극(tragedy)은 인간의 삶과 고통에 대한 깊은 성찰을 담고 있는 문학의 중요한 전통으로서 대부분의 서양 문학의 비극 속 주인공은 고귀한 신분을 타고 났지만 세계와의 대결에서 패배로 결말을 맺는다. 이는 "인간이 신이 되지 않는 한, 인간에게 고통과 절망은 그치지 않는다."라는 인식을 바탕으로 한다. 그리스 비극의 주인공들은 자유의지를 가진 존재지만, 신이 정한 운명과 대결하다 몰락하고 만다. 셰익스피어 비극의 인물들은 성격적 결함이나 실수가 운명과 뒤엉켜 비극적 결말을 맞이한다. 「리어왕」은 두 딸의 달콤한 말에 속아 진실을 분간하지 못해 비극적 최후를 맞이하고, 「햄릿」은 숙부에게 복수에 성공하지만, 독이 묻은 칼에 찔려 죽고 덴마크 왕위는 노르웨이의 왕자 포틴브라스에게 ㉠ <u>넘어간다</u>.

이에 비해 한국 고소설의 비극적 주인공들은 서양의 비극과 다른 양상을 보인다. 이들은 미천한 신분으로서 환상적 존재와의 만남이나 기이한 사건을 겪으며 현실의 결핍을 해소하려 한다. 「이생규장전」에서 이생과 최랑의 세 번의 이별 중 마지막 이별은 환상적 세계에서의 재회를 위한 필연적 이별이라고 할 수 있다. 인물들은 세계를 대결의 대상이 아니라 수용의 대상으로 여기고 있는 것이다. 이러한 주인공의 행보는 현실에 대한 문제의식과 우의적 비판으로 연결된다. 현대에 이르러서도 비극이 보편적인 호소력을 갖고 있는 것은 동서양을 막론하고 인간 삶의 본질적인 비극성을 제시하여 관객에게 깊은 성찰을 제공하기 때문이다.

문 10. 윗글에서 추론한 내용으로 가장 적절한 것은?

① 「이생규장전」과 셰익스피어의 주인공들은 고귀한 신분을 갖고 있다는 점에서 공통적이다.
② 비극이 보편적인 호소력을 갖는 것은 삶의 본질적인 비극성을 극복하려는 의지가 반영된 것이다.
③ 「이생규장전」에서 주인공들이 이별을 필연적으로 받아들이는 것은 세계를 수용의 대상으로 여기고 있음을 말한다.
④ 그리스 비극의 주인공들이 신이 정한 운명과 대결을 하다 몰락하는 과정은 신이 되고자 하는 인간의 의지를 보여 준다.

문 11. 문맥상 ㉠의 의미와 가장 가까운 것은?

① 천막이 옆으로 <u>넘어가다</u>.
② 사건이 경찰에서 검찰로 <u>넘어갔다</u>.
③ 일상적인 문제를 예사롭게 <u>넘어간다</u>.
④ 도서관에서는 책장 <u>넘어가는</u> 소리만 들렸다.

문 12. (가)와 (나)를 전제로 할 때 빈칸에 들어갈 결론으로 가장 적절한 것은?

(가) 건강 문제에 관심이 있는 사람 중 일부는 운동 습관에 관심이 없는 사람이다.
(나) 다이어트에 관심이 있는 사람은 모두 운동 습관에 관심이 있는 사람이다.
따라서 [　　　　　　　　]

① 운동 습관에 관심이 있지만 건강 문제에 관심이 없는 사람은 모두 다이어트에 관심이 있는 사람이 아니다.
② 다이어트에 관심이 있는 사람 중 일부는 건강 문제에 관심이 있는 사람이 아니다.
③ 다이어트에 관심이 있는 사람은 모두 건강 문제에 관심이 있는 사람이 아니다.
④ 건강 문제에 관심이 있는 사람 중 일부는 다이어트에 관심이 있는 사람이 아니다.

문 13. 다음 글의 ㉠~㉣ 중 어색한 곳을 찾아 수정한 것으로 적절하지 않은 것은?

도시 교통 문제를 해결하기 위해 다양한 방법이 시도되었으나, 교통 체증은 여전히 전 세계적으로 심각한 문제로 남아 있다. 기존의 해결책은 주로 도로를 확장하거나 대중교통을 강화하는 데 초점이 맞춰져 있었다. 그러나 이러한 방안은 단기적으로는 효과를 낼 수 있어도, ㉠ <u>교통량의 지속적 증가와 공간적 확장으로 인해 근본적인 해결책이 되지 못하고 있다.</u>

최근에는 자율주행 자동차와 인공지능을 활용한 교통 관리 시스템이 혁신적인 대안으로 주목받고 있다. 예를 들어, 자율주행 자동차는 차량 간 통신을 통해 교차로 대기 시간을 줄이고, ㉡ <u>실시간으로 최적의 경로를 계산하여도 교통 체증이 악화될 가능성이 있다.</u> 또한 인공지능 기반 교통 관리 시스템은 도시 전역의 교통 데이터를 분석하여 차량 흐름을 예측하고, ㉢ <u>신호등 조작이나 도로 우선순위를 조정함으로써 차량 정체 문제를 효율적으로 해결할 가능성을 보여 준다.</u>

그러나 이러한 기술에도 한계는 존재한다. 자율주행 자동차는 복잡한 도시 환경에서 발생할 수 있는 예외 상황을 완벽히 처리하지 못하며 전체적인 기술 향상을 위해서는 비용이 많이 들 수 있다. 인공지능 시스템 역시 데이터 수집에 대한 공적 합의가 필요하다. 그러므로 이 기술들을 ㉣ <u>대규모로 교통 시스템에 적용하려면 적은 인프라 비용과 개인적인 결단으로 해결 가능하다</u>는 점이 해결 과제로 남아 있는 것이다.

① ㉠: 교통량의 지속적 증가와 공간적 제약으로 인해 근본적인 해결책이 되지 못하고 있다.
② ㉡: 실시간으로 최적의 경로를 계산하여 교통 혼잡을 완화할 수 있다.
③ ㉢: 기존의 정해진 신호 체계대로 도로 흐름을 안내함으로써 차량 정체 문제를 효율적으로 해결할 가능성을 보여 준다.
④ ㉣: 대규모로 교통 시스템에 적용하려면 막대한 인프라 비용과 사회적 합의가 필요하다

문 14. ㉠을 평가한 내용으로 적절한 것만을 <보기>에서 모두 고른다면?

논리적 실증주의자들은 한 문장이 참인지 거짓인지의 여부를 가릴 수 없으면 무의미한 문장이 된다고 생각했다. '오늘은 수요일이다.'라는 문장은 달력을 확인하면 진실 여부를 가릴 수 있다. 그런데 "날씨가 춥네."라는 문장은 진실 여부를 가릴 수 없다. 어떤 사람이 이 문장을 방에 들어오자마자 말했다면 난로를 틀어달라는 의도를 암시적으로 전달하는 것일 수 있다.

J. 오스틴은 언어를 진실 여부로 판단하는 대신 특정한 행위를 수반하는 것으로 간주하고 인간의 발화 행위를 세 유형으로 구분했다. 첫째는 언표 행위로서 의미를 가진 문장을 발화하는 물리적인 행위이다. 예를 들어, "날씨가 춥네."라고 단순히 말하는 것이다. 둘째는 발화 수반 행위로서 발화를 통해 화자가 전달하려는 의도를 나타내는 행위이다. 이는 주장, 명령, 약속, 경고 등과 같은 관습적인 힘을 갖는 발화를 수행하는 것을 의미한다. 방에 들어온 사람이 "날씨가 춥네."라고 말하면 난로를 틀어달라는 의도를 전달하는 것이다. 셋째, 발화 효과 행위는 발화 행위의 결과로 일어나는 행위이다. "날씨가 춥네."라는 말을 듣고 청자가 난로를 틀어주거나 거절하는 반응을 보이는 것이다. 오스틴의 이러한 견해는 ㉠ <u>화행론</u>이라 불리며 언어의 사용과 기능에 초점을 맞춘 언어학 연구의 중요한 의의를 지닌다.

<보 기>

ㄱ. "저기 경찰 온다."라는 말을 듣고 청자가 도움을 요청하러 갔다면 발화 효과 행위가 효과적으로 일어난 것으로 ㉠을 강화한다.
ㄴ. 축구 경기에 나가고 싶은 사람이 "나는 공을 잘 찬다."라는 발화를 했다면 발화 수반 행위가 일어난 것으로 ㉠을 강화한다.
ㄷ. "주말에 비가 온다던데."라는 연인의 발화를 듣고 주말에 잡은 약속을 취소하였다면 발화 효과 행위가 일어난 것으로 ㉠을 약화한다.

① ㄱ
② ㄱ, ㄴ
③ ㄴ, ㄷ
④ ㄱ, ㄴ, ㄷ

[15～16] 다음 글을 읽고 물음에 답하시오.

설화에서 금기(禁忌)의 위반은 불행한 결과를 ㉠ 가져온다. 「장자못 설화」에서 뒤를 돌아보지 말라는 금기를 어긴 며느리는 돌로 변한다. 「창세기」의 이브는 하나님이 금지한 선악과를 먹음으로써 인류의 원죄를 초래하고 낙원에서 추방된다. 이처럼 금기는 그 금기로 인한 욕망 때문에 발생하는 갈등을 통해 인간 존재의 복잡성을 ㉡ 드러낸다.

그런데 금기의 위반이 단순한 처벌이나 불행으로 끝나는 것이 아니라, 궁극적으로 재생과 정화를 통한 성장과 교훈으로 이어지기도 한다. 「나무꾼과 선녀」에서 나무꾼은 선녀에게 날개옷을 건네주지 말라는 금기를 위반하게 되지만 진실된 사랑의 결과 두레박을 타고 하늘로 올라가서 재회를 한다. 「우렁각시 설화」에서 주인공은 아내의 정체를 ㉢ 알아보려 하면서 금기를 위반한다. 이 과정에서 갈등이 발생하지만 재생과 정화의 과정을 통해 두 사람의 관계가 회복된다. 「판도라의 상자」는 판도라가 금기를 어기고 상자를 열면서 불행이 시작된다. 상자에서 모든 불행이 퍼져나가지만, 마지막에 남은 '희망'은 인류에게 재생의 가능성을 제공한다. 이는 금기의 위반이 가져오는 결과와 그 속에서 찾는 긍정적인 의미를 강조한다. 금기를 설정한 것은 욕망을 절제하기 위함이지만 인간의 욕망은 그것을 ㉣ 넘어서게 된다. 이러한 양가적 속성은 금기를 통해 인간의 한계를 도전하고, 욕망을 실현하는 방식으로 나타난다.

문 15. 윗글을 이해한 내용으로 적절하지 않은 것은?

① 「장자못 설화」에서 며느리에게 설정된 금기는 욕망을 절제하기 위함이다.
② 「창세기」에서 이브가 금기를 위반한 행위는 인간의 욕망으로 인한 갈등을 보여 준다.
③ 「나무꾼과 선녀」에서 나무꾼이 금기를 어기고 하늘로 올라간 것은 욕망을 실현하기 위함이었다.
④ 「우렁각시 설화」와 「판도라의 상자」에서 주인공들이 금기를 위반한 행위는 양가적 속성을 갖고 있다.

문 16. ㉠～㉣과 바꿔 쓸 수 있는 유사한 표현으로 적절하지 않은 것은?

① ㉠: 야기한다
② ㉡: 나타낸다
③ ㉢: 확인하려
④ ㉣: 조율하게

문 17. 다음 대화를 분석한 내용으로 가장 적절한 것은?

갑: 인터넷에서 개인 정보를 아무런 의심 없이 제공하는 사람들을 이해할 수 없어. 개인 정보 유출이 얼마나 위험한 문제인데 어떻게 그렇게 쉽게 정보를 공개할 수 있는 거지?
을: 사람들은 왜 그렇게 개인 정보를 쉽게 제공할까? 그 이유를 정확히 분석해 볼 필요가 있겠어. 개인 정보에 대한 인식의 차이일 수도 있으리라 생각해.
병: 인터넷상에서 편리함을 추구하는 경향이 강하기 때문일 수도 있지. 인터넷 쇼핑을 애용하는 사람이면 연락처나 주소 정도는 거리낌이 없이 제공할 거야. 그게 편하기 때문이지.
갑: 그렇다고 해서 개인의 편리함을 위해 다른 사람의 정보가 유출될 위험을 보고만 있을 수는 없어.
병: 맞아. 개인의 선택이 다른 사람에게도 미칠 영향을 고려해야 하지. 개인 정보 보호는 공동체 모두가 지켜야 할 윤리적 책임이니까.
을: 개인 정보 보호에 대한 인식 개선이 필요하겠어. 개인 정보를 쉽게 공개할수록 개인 정보 보호의 중요성에 대한 인식이 낮아질 거야.

① 구체적인 경험을 들어 주장의 신뢰성을 높이는 사람이 있다.
② 대화 중간에 질문을 던져 논의의 깊이를 더하는 사람이 있다.
③ 기존의 주장에 반박하며 새로운 관점을 제시하는 사람이 있다.
④ 전문가의 인용을 통해 논점을 명확히 하고자 하는 사람이 있다.

[18～19] 다음 글을 읽고 물음에 답하시오.

플라톤의 이데아론은 지식을 획득하는 방식을 최초로 고찰한 것으로 널리 알려져 있다. 플라톤은 '이데아'라는 세계를 규정함으로써 이데아가 모든 사물의 본질적이고 이상적인 형태라고 주장하였다. 예를 들어, 현실에는 형태와 재질, 크기가 다양한 의자들이 존재하지만, 이 모든 의자의 본질적 특성을 완벽히 담아낸 것이 바로 '의자의 이데아'이다. ㉠ 그에 의하면, 우리가 경험하는 물리적 세계는 이데아의 불완전한 모방에 지나지 않으며 진정한 지식은 이데아 세계에 대한 인식에서 비롯된다고 하였다.

그러나 베이컨은 이데아처럼 눈에 보이지 않는 형이상학적인 존재를 인정하는 ㉡ 그의 주장을 비판하면서 인간의 지식은 오직 감각적 경험에서 비롯된다고 한다. ㉢ 그는 경험을 통한 관찰과 실험을 중시함으로써 우리가 인식하는 세계는 오직 감각적 경험과 물리적 과정을 통해 얻은 정보에 의해 구성된다고 한다. 이렇듯 지식의 근원은 경험에 있다는 베이컨에 맞서 데카르트는 이성과 논리적 사고에 있다고 본다. ㉣ 그는 이성적 추론과 직관을 통해 지식을 얻을 수 있다고 주장하면서 진정한 인식은 감성적 경험이 아닌 이성적 사고에서만 가능하다고 본다. 두 사람은 모두 인식의 주체를 개인으로 보는 점에서는 일치하지만, 지식의 획득 방식에 대해 서로 다른 견해를 제시한다. 하지만 플라톤의 이데아론은 비판과 재해석을 거쳐 철학사에서 중요한 위치를 확립하였으며 현대에도 지식의 개념과 대상에 대한 논의를 자극하는 이론으로 남아 있다.

문 18. 윗글에 대해 평가한 내용으로 가장 적절한 것은?

① 진정한 지식은 이데아 세계에 대한 인식과 무관하다는 것이 밝혀진다면 플라톤의 주장은 강화될 것이다.
② 개별 사례의 관찰을 통해 일반적인 법칙을 유추하는 방법이 획기적으로 발전한다면 베이컨의 주장은 약화될 것이다.
③ 상대의 눈빛을 보고 자신에 대한 호감이 있음을 확신한 사례가 있다면 데카르트의 주장은 강화될 것이다.
④ 감성적 경험이 없이는 지식을 얻을 수 없다면 데카르트의 주장은 약화될 것이다.

문 19. 문맥상 ㉠～㉣ 중 지시 대상이 같은 것만으로 묶인 것은?

① ㉠, ㉡
② ㉠, ㉢
③ ㉡, ㉣
④ ㉡, ㉢, ㉣

문 20. 다음 글의 밑줄 친 결론을 이끌어 내기 위해 추가해야 할 것은?

모든 공직자들은 자신이 맡은 일에 책임을 다한다. 자신의 맡은 일에 책임을 다하는 사람들 중 일부는 동료 직원의 업무도 수행할 줄 안다. 따라서 <u>공직자들 중의 일부는 동료 직원의 업무도 수행할 줄 안다</u>.

① 공직자들의 일부는 자신이 맡은 일에 책임을 다한다.
② 자신이 맡은 일에 책임을 다하는 사람은 모두 공직자들이다.
③ 동료 직원의 업무도 수행할 줄 아는 사람의 일부는 자신이 맡은 일에 책임을 다하는 사람이다.
④ 동료 직원의 업무도 수행할 줄 알지만 공직자가 아닌 사람은 모두 자신이 맡은 일에 책임을 다한다.

[11~12] 다음 글을 읽고 물음에 답하시오.

> 전통적인 도자기 제작 방식은 주로 나무를 연료로 사용하는 목탄 가마나 소성 가마 방식을 활용하여 하나하나 수작업으로 도자기를 굽는 방식이었다. 이 방식은 한 번에 타버리는 습성이 있어 화력이 과해질 수 있는 나무를 연료로 사용하기 때문에 연료의 양과 불꽃의 세기, 가마 내부의 공기 순환 등을 세밀하게 조절해야 했다. 이러한 과정을 통해 도자기의 색상, 질감, 표면에 미세한 차이가 자연스럽게 형성되어 도자기 특유의 불규칙적이고 유기적인 미감이 만들어졌다. 하지만 도자기 제작은 일정한 온도와 시간이 필요한 작업이기에, 전통 가마 방식은 대규모보다는 소규모 생산에 유리하며 상대적으로 비용이 많이 들고 제작 시간도 더 많이 ㉠<u>걸린다</u>. 또한 공정 과정이 대부분 수작업으로 이루어져 일정한 품질을 유지하기 어렵다는 한계도 존재한다.
>
> 현대의 전기 가마는 정밀한 온도 조절을 통해 대량 생산이 가능해졌으며 일정한 품질의 도자기를 빠르고 효율적으로 생산할 수 있다. 전기 가마는 온도 분포를 균일하게 유지할 수 있어 도자기의 크기와 색상을 일정하게 생산할 수 있으므로 대량 판매에 적합하다. 그러나 전통 방식에서 나오는 독특한 질감이나 불규칙적인 매력은 전기 가마로는 재현하기 어려워, 예술적 표현보다는 실용성 위주의 도자기 제작에 주로 사용된다. 현대의 전기 가마는 대량 생산을 통한 비용 절감과 일관된 품질을 중시하는 도자기 제작에 더욱 적극적으로 활용되고 있다.

문 11. 윗글에서 추론한 내용으로 가장 적절한 것은?

① 전통적인 도자기 제작 방식은 온도가 고르게 유지되어 유기적인 미감이 형성되었다.
② 전기 가마는 독특한 질감에서 비롯되는 매력으로 인해 더욱 적극적으로 활용되고 있다.
③ 전통적인 도자기 제작 방식은 예술적 가치를, 현대의 전기 가마는 실용성과 효율성을 중시하였다.
④ 전기 가마는 크기와 색상이 일관되게 생성되었기에 시간과 비용이 상대적으로 더 많이 소요되었다.

문 12. 밑줄 친 표현이 문맥상 ㉠의 의미와 가장 가까운 것은?

① 비밀이 새어 나가다 <u>걸리면</u> 큰일 나지.
② 발전기가 무사히 <u>걸리자</u> 모두 안도했다.
③ 회의를 준비하는 데 꼬박 하루가 넘게 <u>걸렸다</u>.
④ 계약서에는 상당한 금액이 위약금으로 <u>걸려</u> 있었다.

문 13. 갑~병의 주장을 분석한 내용으로 적절한 것만을 <보기>에서 모두 고르면?

> 갑: 저출생으로 인한 인구의 감소로 노동력 부족이나 경제의 정체 등 여러 가지 문제가 대두되고 있다. 이중 적극적인 이민정책은 한국의 인구 감소 문제를 완전히 해결할 수는 없지만, 문제 완화에 도움이 될 수 있다. 외국인 인력 유입으로 생산 가능 인구를 보충함으로써 노동력 부족 문제를 일부 해소할 수 있으며, 또한 이민자들이 창업과 투자를 통해 경제에 활력을 불어넣을 수 있다는 점도 무시할 수 없다.
>
> 을: 해외 이민을 적극적으로 받아들인 유럽은 최근 이민자와 내국인 간 대립으로 심각한 사회적 갈등을 빚고 있다. 급격한 해외 인구 유입으로 주거 및 인프라 부담의 증가와 이민자들에 대한 복지 비용 지출이 증가되고 있으며, 문화적 차이로 인한 사회 통합 문제가 현안이 되고 있다. 이민 정책을 단순히 노동력 확보를 위한 방책으로만 접근하지 않아야 한다. 사회 전반의 변화를 고려한 접근이 필요하다.
>
> 병: 현재 농업·제조업뿐만 아니라 향후 증가할 돌봄 수요 등을 고려할 때 이민정책을 통한 외국 인력 도입이 필요한 것은 사실이다. 그런데 단순한 노동력 확대만이 아니라 이민정책과 관련해서, 이민자들의 경제적 기여를 극대화하고 사회 통합을 이룰 수 있는 대책이 마련되어야 한다. 이러한 대책이 뒷받침되지 않는 이민정책 도입은 아직 시기상조라고 할 수 있다.

<보 기>

> ㄱ. 갑의 주장과 을의 주장은 대립하지 않는다.
> ㄴ. 을의 주장과 병의 주장은 대립하지 않는다.
> ㄷ. 병의 주장과 갑의 주장은 대립하지 않는다.

① ㄱ
② ㄴ
③ ㄱ, ㄷ
④ ㄴ, ㄷ

문 14. (가)와 (나)를 전제로 결론을 이끌어 낼 때, 빈칸에 들어갈 말로 가장 적절한 것은?

> (가) 국어를 잘하는 사람은 모두 글을 잘 쓴다.
> (나) 국어를 잘하는 어떤 사람은 말을 잘한다.
> 따라서 [　　　　　　　]

① 말을 잘하는 모든 사람은 글을 잘 쓴다.
② 말을 잘하는 어떤 사람은 글을 잘 쓴다.
③ 글을 잘 쓰는 사람은 모두 국어를 잘한다.
④ 글을 잘 쓰는 어떤 사람은 말을 잘하지 못한다.

문 15. 다음 글을 이해한 내용으로 가장 적절한 것은?

> 스포츠 경기에서 심리적 요소는 경기의 흐름과 결과를 크게 좌우할 수 있다. 주요 심리적 요인으로는 집중력, 자신감, 그리고 팀원 간의 신뢰가 있다. 경기 중 집중력은 순간적인 판단과 기술 수행에 영향을 주며 자신감은 위기 상황에서의 대처 능력에 중요한 역할을 한다. 팀원 간의 신뢰는 협력적인 플레이를 강화하는 데 필수적이다. ㉠<u>이 세 가지 심리적 요소는 경기를 승리로 이끄는 데 필요한 것이다</u>. 그러나 ㉡<u>세 가지 요소를 갖추었다고 해서 경기에 항상 승리하는 것은 아니다</u>.

① 올 시즌 야구 우승팀이 집중력, 자신감, 그리고 팀원 간의 신뢰 모두에서 뛰어난 면모를 보였다면, ㉠은 강화된다.
② 올 시즌 성적이 좋지 않은 야구팀이 집중력, 자신감, 그리고 팀원 간의 신뢰 중 하나 이상에서 뛰어난 면모를 보여 주지 못했다면, ㉠은 약화된다.
③ 집중력, 자신감, 그리고 팀원 간의 신뢰 중 하나 이상에서 뛰어난 면모를 보여 주지 못했지만 올 시즌에서 좋은 성적을 거둔 야구팀이 있다면, ㉡은 강화된다.
④ 집중력, 자신감, 그리고 팀원 간의 신뢰 모두에서 뛰어난 면모를 보였지만 올 시즌 성적이 좋지 않은 야구팀이 있다면, ㉡은 약화된다.

문 16. 다음 글의 ㉠을 강화하는 것만을 <보기>에서 모두 고르면?

> 인류의 초기 의복은 크게 가죽 의복과 직물 의복으로 나뉜다. 초기 인류는 동물의 가죽을 활용하여 의복을 제작하였다. 가죽 의복은 동물 자원을 비교적 손쉽게 활용할 수 있다는 점에서 널리 사용되었으며 강한 내구성과 우수한 보온성 덕분에 외부 환경으로부터 신체를 보호하는 데 적합하였다. 반면, 직물 의복은 상대적으로 가볍게 제작되었으며 제작 기술의 발달에 따라 다양한 형태와 색상을 띠게 되었다. 그동안은 기술의 발전에 따라 직물 의복이 가죽 의복을 대체하였다는 설명에 기초하여 의복의 발달은 가죽 의복에서 직물 의복으로 이어진 일방적인 진전 과정이었다는 가설이 오랫동안 지배적이었다. 그러나 최근 연구에서는 고고학적 유물과 환경 분석 결과를 토대로 새로운 ㉠주장이 제기되고 있다. 가죽 의복과 직물 의복은 단순히 발전의 순서로 나타난 것이 아니라, 각기 다른 기후와 자원 조건에 적응하여 독립적으로 발달하였다는 것이다.

<보 기>

ㄱ. 고온 지역에서는 생존과 일상 활동에 적합한 통기성이 좋고 가벼운 섬유로 만든 직물이 발견되었다.
ㄴ. 한랭 지역 유적지에서는 가죽 의복의 흔적이, 온난한 지역의 유적지에서는 섬유 조각이 발견되었다.
ㄷ. 모 유적지에서 가죽을 벗기거나 가공하는 칼과 뼈가 발견되었는데 이는, 동일한 유적지에서 발굴된 직조 틀 등의 직물 의복과 관련된 도구보다 시기상 먼저인 것이 확인되었다.

① ㄱ, ㄴ
② ㄱ, ㄷ
③ ㄴ, ㄷ
④ ㄱ, ㄴ, ㄷ

[17~18] 다음 글을 읽고 물음에 답하시오.

> 자생적 근대문학은 외부의 영향을 받지 않고, 한국 사회 내부의 모순과 갈등을 바탕으로 발전한 문학을 의미한다. (가)3·1 운동을 근대문학의 기점으로 삼아야 한다는 주장은 민족주의를 강력한 근거로 제시한다. 3·1 운동은 한국인들에게 민족 정체성을 각성시키고, 독립 의지를 표현하는 문학이 등장하게 된 계기가 되었다는 것이다. 한국의 근대문학은 조선 사회의 기반을 이루고 있던 신분 제도가 혼란을 일으키기 시작했던 (나)영·정조 시대를 기점으로 삼아야 한다는 주장도 자생적 근대문학의 논의에서 주목할 만하다. 이 시기는 민중 세력이 자신과 양반을 동일한 인격체로 보기 시작하였다는 것이다. 근대문학이 한국 사회 내부의 모순과 갈등을 바탕으로 한 문학적 표현이라는 점에서 ㉠전자보다는 ㉡후자가 더 자생적인 양상을 보여 준다.
>
> 이러한 논의에 따라 근대문학을 '민중적 근대문학'과 '민족적 근대문학'으로 분류할 때 ㉢전자는 민중적 주체성을, ㉣후자는 민족적 자주성을 강조한다고 할 수 있다. 한국의 근대문학이 서구 문화의 이식이 아니라 민족의 고유한 맥락에서 형성되었다는 점을 강조하는 입장에서는 ㉤후자가 설득력 있게 받아들여지지만, 세계사적 관점에서는 근대문학이 소수 지배층의 전유물이 아닌 대다수 민중들이 향유하는 문학이라는 점에서는 ㉥전자가 강조될 수밖에 없다.
>
> 영·정조 시대에 언어 의식의 대두로 인해서 사대부 계층의 전유물이었던 한자 위주의 문학이 민중의 언어인 한글 위주의 문학으로 주도권이 넘어갔다는 점도 한국 근대문학의 기점을 임진왜란 이후까지 끌어올릴 수 있게 하는 근거가 된다.

문 17. 윗글의 (가)와 (나)의 주장에 대해 평가한 내용으로 가장 적절한 것은?

① 자생적 근대문학은 대다수 민중들이 향유하는 문학이라는 점이 강조된다면 (가)의 주장은 강화된다.
② 3·1 운동 당시 민족 정체성을 각성시키고 독립 의지를 표현하는 문학이 새롭게 발굴된다면 (가)의 주장은 약화된다.
③ 세계사적 관점에서 근대문학의 정의를 '민족의 고유한 맥락에서 형성된 문학'이라고 수정한다면 (나)의 주장은 약화된다.
④ 한글 위주의 문학이 본격적으로 등장하기 시작한 것이 영·정조 시대가 아니라 그 이전이었다고 하면 (나)의 주장은 강화된다.

문 18. 윗글의 ㉠~㉥ 중 주장하는 함의가 유사한 것끼리 짝지은 것은?

① ㉠, ㉢
② ㉡, ㉣
③ ㉢, ㉤
④ ㉢, ㉥

문 19. 다음 빈칸에 들어갈 말로 가장 적절한 것은?

> 갑, 을, 병, 정 네 학생의 건강 관리와 관련하여 다음과 같은 사실들이 알려졌다.
>
> ○ 갑과 을 중 적어도 한 명은 수영을 한다.
> ○ 을이 등산이나 수영을 하면 병은 달리기를 한다.
> ○ 병이 달리기를 하면 정은 태권도를 한다.
> ○ 정은 태권도를 하지 않는다.
>
> 이를 통해 갑이 [   ]을/를 한다는 것을 알 수 있게 되었다.

① 수영
② 등산
③ 달리기
④ 태권도

문 20. 다음 글을 이해한 내용으로 가장 적절한 것은?

> 국어 교육과 한국어 교육은 모두 언어 능력 향상을 목표로 하는 두 가지 교육 분야이다. 국어 교육은 주로 한국어를 모국어로 사용하는 학생들을 대상으로 하여, 이해력과 표현력이라는 언어 능력을 향상하는 것을 목표로 삼는 데 비해, 한국어 교육은 주로 한국어를 외국어로 배우는 학습자를 대상으로 하여 한국어 의사소통 능력 향상을 목표로 삼는다. 국어 교육은 국어의 구조, 문법, 문학 작품 감상 등을 내용으로 말하기, 듣기, 읽기, 쓰기 등 네 가지 영역에 걸쳐 이루어지고 있지만 한국어 교육은 이 영역에 한국 문화 이해라는 영역을 추가로 하여 기초 어휘, 문법, 한국 문화 등을 주요 내용으로 한다.
>
> 두 교육 분야는 대상과 접근 방식에서도 차이를 보인다. 국어 교육이 모국어 화자의 언어 능력 심화에 중점을 둔다면, 한국어 교육은 비모국어 화자의 기초적인 의사소통 능력 개발에 초점을 맞춘다. 그런데 한국어 교육에서 흔히 범하는 오류가 교육 대상으로 삼고 있는 비모국어 화자들이 한국어가 서투르다고 해서 인지능력까지 떨어진다고 여기는 것이다. 특정 언어에 대한 의사소통 능력과 인지능력은 구별되어야 한다.

① 한국 문화 이해는 국어 교육의 주요한 영역이라고 할 수 있다.
② 비모국어 화자들은 상대적으로 의사소통 능력과 인지능력이 떨어진다.
③ 국어 교육과 한국어 교육은 모두 문학 작품 감상만을 주된 내용으로 한다.
④ 국어 교육과 한국어 교육은 모두 교육 대상의 능력 향상을 목표로 삼는다.

문 11. '美(미)'에 대한 노자의 견해와 관련하여 '갑~병'의 주장을 분석한 내용으로 적절한 것만을 <보기>에서 모두 고르면?

> 노자: 미녀들이 길거리를 지나가면, 사람들이 그를 따른다. 그러나 그들이 물가로 가면 물고기는 놀라 숨어 버리며, 새들은 하늘 높이 날아가고, 사슴은 무서워 도망간다. 이로 볼진대 '美(미)'의 상대어는 '惡(오)'이다. '惡(오)'는 곧 싫음이요 추함이다. '美(미)'라는 것은 사람의 마음이 나아가 즐기는 바의 것이요, '惡(오)'라는 것은 사람의 마음이 싫어하고 미워하는 바이다.
> 갑: 우리나라에서는 대대로 흠 없이 깨끗한 피부가 미인이 갖추어야 할 기본적인 조건의 하나이다. 그런데 아프리카의 어느 부족은 몸에 흉터가 많을수록 미인으로 인정받는다고 한다.
> 을: 세상에서 가장 아름다운 것은 자연이다. 인간 역시 자연 그대로의 순수함을 지녔을 때가 가장 아름답다. 인위적인 손질이 가해지는 순간 인간의 아름다움은 사라지고 만다.
> 병: 장미를 아름답다고 하는 것은 장미 자체가 스스로 아름다움을 지니고 있어서가 아니라, 아름다움을 부여하는 주체인 사람의 주관적인 판단에 의해 내려지는 것이다.

<보 기>

ㄱ. 노자의 견해에 대해 갑과 을의 주장은 서로 대립한다.
ㄴ. 노자의 견해에 대해 을과 병의 주장은 서로 대립한다.
ㄷ. 노자의 견해에 대해 병과 갑의 주장은 서로 대립한다.

① ㄱ
② ㄱ, ㄴ
③ ㄱ, ㄷ
④ ㄴ, ㄷ

문 12. 다음의 밑줄 친 결론을 이끌어 내기 위해 추가해야 할 것은?

> 사람이 동물의 권리를 존중한다면, 육식의 즐거움은 버려야 한다. 그런데 생활방식의 엄청난 변화를 감내하는 것은 쉽지 않다. 따라서 사람이 동물의 권리를 존중하는 일은 쉽지 않다.

① 생활방식의 엄청난 변화를 감내해야 육식의 즐거움을 버릴 수 있다.
② 생활방식의 엄청난 변화를 감내하지 않고도 동물의 권리를 존중할 수 있다.
③ 육식의 즐거움을 누리는 것은 동물의 권리를 존중하는 행위가 아니다.
④ 동물의 권리를 존중하기 위해서는 생활방식의 엄청난 변화를 감내할 필요가 없다.

문 13. 다음 빈칸에 들어갈 말로 가장 적절한 것은?

> ○ 을이 범인인 경우에만 갑도 범인이다.
> ○ 갑이 범인이 아니면 병도 범인이 아니다.
> ○ 정이 범인이면 병도 범인이다.
> ○ 정이 범인이다.
> 따라서 [　　　　]

① 을도 범인이다.
② 갑은 범인이 아니다.
③ 갑과 을 중에서 한 사람만 범인이다.
④ 갑, 을, 병, 중에서 최소한 한 사람은 범인이 아니다.

문 14. 반영 요소에 따라 <개요>를 작성할 때, ㉠~㉣에 들어갈 내용으로 적절하지 않은 것은?

<반영 요소>

> ○ 한국의 관광자원을 개발하여 외국인을 유치할 것.
> ○ 내국인에게 해외관광보다는 국내관광을 유도할 것.
> ○ 국내관광에서 불편했던 점과 개선 방안을 제시할 것.
> ○ 다양한 국내관광 프로그램의 개발 필요성을 제시할 것.

<개 요>

> ○ 주제문: 한국을 관광대국으로 만들기 위해 노력하자.
> ○ 논거 자료
> 1. 외국인 관광객의 증가 추이 자료
> 2. [㉠]
> 3. [㉡]
> ○ 내용 구성 방향
> 서론: 한국을 방문하는 관광객이 증가하고 있음을 알려 주어 논의의 필요성을 밝힘.
> 본론
> 1. [㉢]
> 2. 국내관광에서의 불편 사례와 이에 대한 해결 방안을 제시
> 3. [㉣]
> 결론: 논의를 종합하여 주제를 강조함.

① ㉠: 관광 수지를 정리한 통계 자료
② ㉡: 한국을 관광할 때 외국인들이 불편했던 사례 조사 자료
③ ㉢: 해외관광이 경제학적으로 필요한 이유
④ ㉣: 다양한 한국적 관광 프로그램 개발의 필요성 제시

문 15. 다음 글의 ㉠~㉣에 대한 평가로 가장 적절한 것은?

> 단청은 건축물에 여러 가지 무늬와 그림을 그려 장식하는 것을 말합니다. 단청은 다섯 가지 색을 기본으로 합니다. 그럼 먼저 ㉠전통 사찰의 단청 사진을 보여 드릴게요. 청·적·황·백·흑을 기본으로 화려하게 채색한 단청을 볼 수 있습니다. 이러한 단청은 선사 시대에 제단을 장식하거나 제사장의 얼굴에 색칠을 하는 일에서 비롯되었다고 합니다. 단청은 잡귀를 쫓거나 신비감을 주려는 의도로 그려졌습니다.
> 그러면 우리나라에서 단청의 역사는 언제부터 시작되었을까요? 네. 삼국 시대부터 단청이 나타나기 시작했는데요, 여러분들도 보신 적 있으시죠? ㉡고구려 벽화 고분인 쌍영총·사신총에 보이는 문양들인데, 연꽃·인동초·구름·불꽃 등 다양한 문양으로 나타납니다.
> 신라의 단청 사용에 관한 자료는 문헌에서 쉽게 찾아볼 수 있습니다. ㉢「삼국사기」 권33 <옥사조>에 따르면 5색은 진골 계급부터 사용이 금지되었다고 하는데, 이것은 왕궁에서만 5색을 사용하였다는 뜻입니다.
> 고려 시대는 어땠을까요? ㉣송나라 서긍의 「삼국사기」에서는 "고려의 궁궐 건물은 난간에 붉은 옻칠을 하고 꽃무늬를 장식하였으며 단청이 장엄하고 화려하다"라고 하였습니다. 이렇게 볼 때 고려의 단청은 난간 부분에는 붉은색을 칠하고 천장이나 추녀 안은 녹색으로 칠해서 명암 효과를 높였다고 볼 수 있습니다.

① ㉠은 단청이 불교의 영향을 받아서 발전하였다는 점을 강화한다.
② ㉡은 단청이 삼국 시대부터 나타나기 시작했다는 점을 약화한다.
③ ㉢은 신라 때의 단청 사용이 민간보다 귀족 계급에서 더 활발했다는 점을 약화한다.
④ ㉣은 고려 시대 건물의 단청에 사용되는 색채가 명암 효과를 주었다는 점을 강화한다.

문 16. 다음 글에서 질병 A의 원인으로 보기에 가장 적절한 것은?

> 질병 A와 관련하여 여러 환자들을 조사하였더니, 다음과 같은 사실들을 확인하였다.
> 갑: 질병 A에 걸림, 비만 체질이고 고혈압에 당뇨는 없고 흡연을 한다.
> 을: 질병 A에 걸림, 마른 체질이고 고혈압에 당뇨가 있고 흡연을 한다.
> 병: 질병 A에 안 걸림, 비만 체질이고 저혈압에 당뇨가 있고 흡연을 한다.
> 정: 질병 A에 안 걸림, 마른 체질이고 저혈압에 당뇨도 없고 흡연도 하지 않는다.

① 비만
② 고혈압
③ 당뇨
④ 흡연

[17~18] 다음 글을 읽고 물음에 답하시오.

> 서사 갈래에서 남녀 간 애정의 문제는 다른 어떤 이야기보다도 자주 그리고 오랫동안 다루어진 소재라고 할 수 있다. 국문소설에서는 혼인 전에 남녀가 만나 사랑을 나누는 과정은 금기에 ㉠맞서는 것이어서 여간해서는 서술되지 않지만, 혼인을 둘러싼 남녀의 이야기는 가장 큰 비중을 차지한다.
>
> 고전 소설에서 남녀의 만남은 부모에 의한 정혼 또는 자발적 만남으로 나눠볼 수 있는데, 자발적 만남은 한문 소설에서는 자주 ㉡볼 수 있지만 국문소설에서는 드물게 나타난다. 성리학이 원칙으로 숭배되는 조선 사회에서 금기가 어느 정도 작용했다는 것이 그 이유일 것이다. 자발적 만남을 서술하는 「이생규장전」, 「만복사저포기」와 같은 한문 소설과 「구운몽」, 「위경천전」과 같은 국문소설은 낭만적으로 시나 음악을 매개로 사랑을 전달하는 중국의 재자가인(才子佳人) 소설에서 영향을 받았다고 할 수 있다. 「구운몽」에서 진채봉은 양소유에게 반하여 아버지의 허락도 구하지 않고 먼저 청혼하였다. 이때 양소유와 진채봉은 양류시(楊柳詩: 버드나무 아래서 사랑을 읊은 시.)를 주고받는데, 양류시를 주고받는 장면은 중국의 재자가인 소설에서도 자주 확인된다. 그런데 조선의 소설에서 여성이 남성에게 애정을 적극적으로 표현하는 경우 보통 그에 따른 처벌이나 대가가 ㉢따르게 된다. 「구운몽」에서 진채봉은 양소유와의 만남 이후에 가문이 역적죄로 ㉣모조리 없어지고 궁궐의 종이 된다. 이런 사정은 여성의 적극적인 애정 표현이 상당히 낭만적으로 제시되는 중국의 재자가인 소설과는 다른 점이라 할 수 있다.

문 17. 윗글에서 다룬 조선의 고전 소설에 대한 이해로 적절하지 않은 것은?

① 중국의 재자가인 소설과 달리 여성의 적극적 애정 표현이 낭만적으로 다루어지지 않았다.
② 국문소설에서는 정혼에 의한 혼인이 자발적 만남에 의한 혼인보다 더 큰 비중을 차지하였다.
③ 남성이 여성에게 청혼하는 것보다 여성이 남성에게 청혼하는 것을 더 부정적으로 서술하였다.
④ 자발적 만남을 다루는 조선의 고전 소설은 후대에 창작된 중국의 재자가인 소설에 영향을 주었다.

문 18. ㉠~㉣과 바꾸어 쓸 수 있는 표현으로 적절하지 않은 것은?

① ㉠: 도전하는
② ㉡: 발견할 수
③ ㉢: 수행된다
④ ㉣: 몰락하고

[19~20] 다음 글을 읽고 물음에 답하시오.

> 철학에 대해 일반인들이 가지는 그릇된 생각에는 크게 두 가지 유형이 있다. 하나는 철학을 점술과 동일한 것으로 받아들이는 경향이다. 철학이라면 흔히 점쟁이나 관상가를 연상하는 것이다. 또 하나는 철학은 현실 생활과 아무런 관련이 없는 주제에 대해 추상적이고 막연한 논리만을 파고드는 것이라 여기고 멀리하는 현상이다. 그러나 실상 이 모든 것은 철학에 대한 오해에서 빚어진 것이다. 이러한 오해는 한편으로는 철학자들의 무책임 때문이고, 다른 한편으로는 일반인의 무관심 때문이라고 할 수 있다.
>
> 이러한 오해로부터 벗어나기 위해서 우리는 우선 철학의 핵심이 사고의 결과로서 확립된 지식이나 사상 체계에 있는 것이 아니고 ㉠생각하는 과정, 즉 사고방식 그 자체에 있다는 것을 알아야 한다. 플라톤과 니체의 철학 사상을 그대로 암기하고 아는 것보다 그것을 ㉡나의 입장에서 음미하고 성찰함으로써 자신의 삶의 깊이와 넓이를 더해 가는 일이 무엇보다 중요하다.
>
> 또 하나의 길은 누가 철학을 할 수 있고 또 해야 하는가를 깨닫는 일이다. 철학은 철학자만의 전유물일 수 없다. 철학이 적어도 본질적인 면에서 철학적으로 ㉢인생을 살아가는 태도나 사고의 과정이라면, 그것은 어느 정도 지적 능력을 갖춘 사람이라면 누구나 동참해야 하는 보편적인 정신 활동인 것이다.
>
> 현재 우리나라의 철학 교육이 성공을 거두지 못하고 있는 원인 중의 하나는, 태어나서 고등학교까지 철학과는 거의 무관한 삶을 살다가 대학에 가서 비로소 철학적 무식을 일거에 극복해 보겠다는 식의 발상에 따라 ㉣어느 정도 체계화된 기존의 철학 이론을 주입식으로 공부하는 풍토에 있다. 우리는 우리의 정신이 고정된 틀로 경직화되기 이전, 즉 어린 시절부터 철학적 사고의 훈련을 해야 한다. 진정한 철학적 사고는 어린 시절부터 우리의 생활 구석구석에 새록새록 스며든 철학적 습성으로 인해서만 체득될 수 있기 때문이다.

문 19. 윗글의 필자가 철학 교육과 관련하여 가장 문제시하고 있는 것은?

① 철학이 점술이나 관상 등과 결탁하는 현상
② 철학이 일반인들로부터 유리되어 있는 현실
③ 철학이 지나치게 난해한 학문이 되어 가는 상황
④ 철학이 고리타분한 옛 윤리에 얽매여 있는 현상

문 20. 윗글의 논지를 고려할 때, ㉠~㉣ 중 의미하는 바가 같은 것끼리 묶인 것은?

① ㉠, ㉡, ㉢
② ㉠, ㉡, ㉣
③ ㉠, ㉢, ㉣
④ ㉡, ㉢, ㉣

문 12. 다음 ㉠~㉣의 사례로 제시하기에 적절하지 않은 것은?

> 논증을 구성하거나 추론을 진행하는 데 있어 타당하지 않은 방식을 사용하는 논리적 오류에는 다음과 같은 것들이 있다. ㉠'연민에 호소하는 오류'는 특정한 사람이나 대중의 감정을 움직여 어떤 논지를 받아들이게 할 때 발생한다. ㉡'순환 논증의 오류'는 논증하는 주장과 동의어에 불과한 명제를 논거로 삼을 때 범하는 오류이다. ㉢'성급한 일반화의 오류'는 특수한 경우에만 참인 것을 일반적인 경우에 적용하여 결론을 내리는 오류이다. ㉣'인신공격의 오류'는 논쟁에서 어떤 사람의 주장에 대한 '주장'이 아니라 해당 '사람'의 인격이나 성품을 문제 삼아 그 사람의 주장이 잘못되었다고 논박하는 오류이다.

① ㉠: 불법 체류자인 부모를 추방할 경우 그 아이는 고아가 되고 맙니다.
② ㉡: 성경의 내용이 모두 참인 것은 성경에서 보면 성경의 내용은 모두 참이라고 하였기 때문입니다.
③ ㉢: 국어 성적이 좋은 것으로 보아 민경이는 공부를 잘하는 학생이로구나.
④ ㉣: 금연을 하지 않는 것으로 볼 때, 그는 삶에 대한 의지가 부족한 사람입니다.

문 13. 다음 글의 ㉠과 ㉡에 대한 평가로 올바른 것은?

> 사회 복지 정책의 주요 평가 기준으로는 '정책의 목표 달성도', '능률성 및 효과성', '주민 만족도'가 있다. 목표 달성도는 계획된 정책 목표를 어느 정도 달성했는지를 측정하는 것이다. 능률성 및 효과성은 정책 목표를 달성하는 데 있어 가장 효과적인 수단을 사용했는지에 초점을 둔다. 주민 만족도는 일반 국민들이 특정 정책에 대하여 얼마나 만족하고 있는지를 측정하는 것이다. ㉠사회 복지 정책의 성공을 위해 이 세 가지 기준에서 높은 평가를 받는 것은 매우 중요하다. 그러나 ㉡이 세 가지 기준에서 높은 평가를 받았다고 해서 성공한 사회 복지 정책이라고 할 수는 없다. 정작 정책의 수혜자가 만족하지 못했을 수도 있기 때문이다.

① 성공적인 사회 복지 정책이 정책의 목표 달성도, 능률성 및 효과성, 주민 만족도 등에서 높은 평가를 받았다면, ㉠은 강화된다.
② 정책의 목표 달성도, 능률성 및 효과성, 주민 만족도 중 하나 이상 높은 평가를 받지 못한 사회 복지 정책이 성공적이라는 평가를 받지 못했다면, ㉠은 약화된다.
③ 정책의 목표 달성도, 능률성 및 효과성, 주민 만족도 중에서 하나 이상 높은 평가를 받지 못했지만 성공적이라는 평가를 받은 사회 복지 정책이 있다면, ㉠은 강화된다.
④ 정책의 목표 달성도, 능률성 및 효과성, 주민 만족도 모두에서 높은 평가를 받았음에도 불구하고 성공적이라는 평가를 받지 못한 사회 복지 정책이 있다면, ㉡은 약화된다.

문 14. 다음 글의 ㉠을 강화하는 것만을 <보기>에서 모두 고르면?

> 인간이 채집과 수렵 생활을 버리고 농경과 목축을 시작한 문화 변혁을 '신석기 혁명'이라고 부른다. 그런데 농경이 정말 '신석기 혁명'이라 할 만큼 인류의 발전에 지대한 공헌을 한 것은 아니라는 ㉠새로운 주장이 제기되었다.
> 흔히 농경의 시작으로 먹을거리를 안정적으로 공급받게 되어 훨씬 더 풍요로운 사회가 전개되었을 것이라고 생각하기 쉽지만, 대신 불평등, 질병, 신체 능력 및 운동 능력 저하, 전제정치 등 인류를 괴롭히는 여러 가지 요소들이 나타나게 되었다는 것이다.

<보 기>

ㄱ. 농업이 수렵채집에 비해 단위 면적당 식량의 생산을 몇 배나 늘려 놓은 것은 확실하다.
ㄴ. 수렵채집 생활을 하는 사막의 부시맨이 식량을 획득하는 데 소요되는 시간은 일주일에 고작 12~19시간 정도이다. 그들은 85종의 식물을 식용하기 때문에 농경인에게 정기적으로 닥치는 기근을 걱정하지 않는다.
ㄷ. 고고학자들이 고대 그리스와 터키 지역에서 출토된 뼈를 연구한 결과, 수렵채집인의 평균 신장은 남자 178cm, 여자 168cm였다. 반면 기원전 4000년경 살았던 농경인의 평균 신장은 남자는 160cm, 여자 155cm였다.

① ㄱ, ㄴ
② ㄱ, ㄷ
③ ㄴ, ㄷ
④ ㄱ, ㄴ, ㄷ

[15~16] 다음 글을 읽고 물음에 답하시오.

> 당우(唐虞) 시대에는 ㉠훈과 고라는 문체가 있었다. 이 문체가 흘러 내려와 한당(漢唐) 시대의 정종(正宗)이 되었고, 이것이 파가 나뉘어 송명(宋明)의 많은 문체가 되었다. 그 원기의 두텁고 엷음이 시대와 더불어 쇠하고 성하였지만, 대개 옛 모범을 본받아 따르고 경전을 보좌함으로써 한 시대의 성대함을 울리고 ㉡전아한 문체를 잃지 않았다.
> 근래 문풍(文風)이 점차 변하여 이른바 붓을 잡고 있는 선비가 시서육예(詩書六藝)의 문장에 근본을 두지 않고 머리를 파묻은 채 온 마음을 기울이는 것이 도리어 ㉢패가소품(稗家小品)의 글에 불과하다. 비유하자면 혼수상태에 빠진 자가 때때로 헛소리와 잠꼬대를 하는 것과 같다. 스스로는 지극히 공교롭고 매우 오묘하게 지었다고 생각하지만, 남의 그림을 그대로 옮긴 그림도 이루지 못하고 거의 술래잡기와 같은 글이 되었다. 이러한 말을 시골에서 쓰자니 글방 선생의 진부한 말보다도 못하고, 조정에서 쓰자니 크고 작은 임금의 말에 쓸 수가 없다.
> 만약 새들이 지껄이는 듯한 보잘것없는 수준을 한 번 씻고 모두가 ㉣순정(醇正)한 지경으로 돌아가고 이를 쌓아 경서에 대한 학문이 되고, 드러나서 문장을 이루며, 그럼으로써 한 시대의 문체를 완성하여 온 세상의 구경하는 자를 새롭게 하고자 한다면 그 방법에는 어떠한 것이 있는가? 그대 대부들은 이 책문(策文)에서부터 근자의 버릇을 벗어 버리고 옛 법을 본받음으로써 나로 하여금 쓸데없는 빈말이나 한 격이 되게 하지 말라.

문 15. 윗글에 대한 추론으로 가장 적절한 것은?
① 우리 문체의 우수성을 들어 중국 문체를 비판하고 있다.
② 옛 문체를 버리고 새로운 문체를 추구해야 함을 주장하고 있다.
③ 타인의 문체를 베끼지 말고 독창적인 문체를 확립할 것을 강조하고 있다.
④ 당대에 유행하던 문체를 버리고 옛 문체를 부흥시키려는 의도를 드러내고 있다.

문 16. 윗글의 ㉠~㉣ 중 의미하는 바가 다른 것은?
① ㉠
② ㉡
③ ㉢
④ ㉣

[17~18] 다음 글을 읽고 물음에 답하시오.

2003년 컴퓨터 바이러스가 통신회사 KT의 혜화동 지사 단 한 곳을 공격했음에도, 전국의 인터넷이 마비되는 사건이 발생했다. KT는 이럴 때를 대비해 우회 회로를 마련했으나 그마저 작동하지 않아 속수무책이었다고 ㉠ 해명했다.

반면 개미 사회는 공정 과정을 한꺼번에 여럿 운용해 어느 한 공정에 차질이 생기더라도 다른 공정들의 작업 속도를 올려 전체 과업에 지장이 없도록 ㉡ 조율한다. 이를테면 병렬 공정을 ㉢ 채택한 것이다. 또한 개미들은 각자 자신의 경험과 규칙에 따라 일을 하면서 서로에게 의존한다. 처음에는 수많은 일개미들의 개별 행동이 혼란스러워 보이지만, 결국에는 최선의 결과를 향해 ㉣ 수렴되는 것이다.

직렬 공정에서는 구성원들 사이에 수직 관계가 있어, 상부의 지시나 명령이 하부로 내려가면서 일이 단계적으로 진행된다. 이 방식은 일 처리가 빠르고, 책임이 뚜렷하다는 장점이 있다. 그러나 상부에서 잘못된 지시나 명령을 하는 경우 사회 전체가 무너지고, 하부 구성원들의 독립성과 창의성이 무시되는 문제가 있다.

직렬로 연결한 크리스마스 조명은 한 군데만 고장 나도 전체가 꺼져 버린다. 회로가 복잡하더라도 병렬로 연결하면 한꺼번에 깜깜해지지 않는다. 우리도 이제 사회를 병렬화할 때가 됐다.

문 17. 윗글의 내용에 대한 추론으로 가장 적절한 것은?

① 개미 사회에는 우리 사회의 단점을 토대로 진화한 측면이 있다.
② 개미 사회의 일 처리 방식은 우리 사회와는 달리 단기간의 성과를 거둔다.
③ 개미 사회는 유사한 여러 개의 일 처리가 동시에 진행된다.
④ 직렬 공정이 중심인 사회는 한 가지 요소가 망가져도 전체가 무너지지 않는다.

문 18. ㉠~㉣과 바꿔 쓸 수 있는 유사한 표현으로 적절하지 않은 것은?

① ㉠: 밝혔다
② ㉡: 고른다
③ ㉢: 취한
④ ㉣: 모이는

[19~20] 다음 글을 읽고 물음에 답하시오.

'소설은 길이다.'라는 명제는 루카치의 몫이다. '본질을 찾아야 하지만 찾을 수가 없다는 사실을 소재로 삼고 있는' 것이 소설이라고 그가 적었을 때, 찾아야만 하는 대상인 본질은 곧 (가) 길이다. 그 궁극적 의미에서의 ㉠ 길을 찾아 나서는 과정적 의미에서의 길이 바로 소설인 셈이다.

시간과 더불어 길의 역사철학적 의미를 좇으면서 소설의 내적 형식을 파악하고자 한 그의 소설론에서 소설의 주인공은 ㉡ 길을 찾아 떠나는 길 위의 문제적 개인이다. 소설에서 주인공이 ㉢ 길을 찾아 떠나는 이유는 현존 상태가 본질이 훼손된, 곧 길이 없는 형국이기 때문이다. 즉 세계의 결여나 결핍, 세계로부터의 훼손이나 훼절, 상실이나 상처의 흔적 등이 주인공으로 하여금 길을 떠나게 한다.

이처럼 문제적 개인의 여정을 따라 사건의 발생과 해결이 이루어지는 소설을 '여로형(旅路型) 소설'이라고 한다. 즉 여로형 소설에서는 ㉣ 길을 매개로 특정한 계기가 형성되며 떠남과 돌아옴, 출발과 도착의 과정이 전개된다. 또 길 위에서의 과정을 통해 개인의 내적 성장이나 내면 의식의 자각이 나타나기도 한다. 따라서 길은 소설의 내용과 형식을 구성하는 핵심적 대상이면서 동시에 인간의 삶을 구성하는 핵심적인 오브제이기도 하다. 다시 말해 인간의 삶이나 소설은 대체로 '길의 플롯'에 의해 이루어지는 것이다.

문 19. 윗글의 내용에 대한 추론으로 적절하지 않은 것은?

① 루카치는 소설의 주인공을 세계와 화합하고 있는 문제적 개인으로 파악했다.
② 인간의 삶과 소설은 길을 찾아 떠나는 욕망의 여로라는 점에서 상동적이다.
③ 루카치에게 소설은 자신의 고유한 본질을 발견하려는 인간의 이야기를 의미한다.
④ 여로형 소설은 인물의 여정에 따라 다양한 갈등의 형성과 고조, 해소가 나타난다.

문 20. 윗글의 ㉠~㉣ 중 문맥상 (가)에 해당하는 의미로 사용되지 않은 것은?

① ㉠
② ㉡
③ ㉢
④ ㉣

※ 이 페이지는 여백입니다.

※ 시험이 시작될 때까지 표지를 넘기지 마십시오.

2025
유대종의 진짜 공무원 모의고사
시즌 2

유대종 국어 연구소 편저

정답과 해설

제1회
[정답 및 해설]

1	②	2	②	3	③	4	④	5	②
6	①	7	④	8	①	9	②	10	①
11	④	12	④	13	①	14	③	15	④
16	③	17	③	18	②	19	①	20	④

1. ②

수정되기 전의 ㉡에 중복된 부분이 있는 것은 아니다. 오히려 ㉡은 문장의 길이가 너무 길어 읽기나 의미 전달에 불편하다는 점을 고려하여 문장의 길이를 간결하게 수정한 것이다.

오답 풀이

① ㉠의 뒤에는 '목적어 + 서술어'의 구조를 지닌 표현이 제시되어 있다. '-고', '와/과' 등으로 접속된 표현의 앞뒤에는 서로 대등한 구조를 지닌 표현을 사용하는 것이 좋으므로, ㉠을 '관광업계의 경영난을 해소하고'로 수정한 것이다.

③ ㉢의 '알리다'는 사동사로 목적어를 필수 성분으로 요구한다. 따라서 ㉢은 생략되어 있는 필수 성분인 '이용자 사업을'을 넣은 것이다.

④ ㉣의 '관광진흥법 제3조에 따른'이 수식하는 피수식어가 '여행업'인지 '여행업, 관광숙박업, 관광식당업'인지가 불분명하다. 따라서 ㉣의 쉼표를 조정하고, '여행업·관광숙박업·관광식당업'으로 수정하여 '관광진흥법 제3조에 따른'이 '여행업, 관광숙박업, 관광식당업'을 모두 수식하고 있음을 분명히 하고 있다.

2. ②

해당 결론을 이끌어 내기 위해서는 '생명을 소중히 여기는 사람은 모두 채식을 하는 사람이다.'라는 전제가 필요하다. 그렇다면 주어진 첫 문장과 함께, 채식을 하는 사람과 생명을 소중히 여기는 사람에 대한 관계는 필요충분조건이 된다. 그렇기에 동물을 키우면서 생명을 소중히 여기는 사람이 존재한다는 전제 속에서, 동물을 키우면서 채식을 하는 어떤 사람이 존재한다는 결론을 부여할 수 있으므로 해당 선지가 추가해야 할 전제가 된다.

오답 풀이

① 해당 선지는, 이미 주어진 첫 번째 전제에서 추론할 수 있는 결론일 뿐이다.

③ 해당 선지는, 이미 주어진 두 번째 전제에서 추론할 수 있는 것이다.

④ 해당 선지는, 밑줄 친 결론을 이끌어 낼 수 없는 문장이다.

3. ③

지문의 3문단에서 '-었-'이 결합할 때, '현재 상태'를 드러내는 단어들은 동사로 구분한다고 하였다. 그런데 '내가 살고 있는 집은 아주 낡았다.'의 경우에서 알 수 있듯, '낡았다'는 집의 과거 상태가 아닌 현재 상태를 드러낸다. 따라서 '낡았다'는 '잘생겼다'와 마찬가지로 형용사가 아니라 동사이다.

오답 풀이

① 지문의 2문단에서 형용사 어간은 목적이나 의도의 뜻을 나타내는 어미 '-러'와 결합하기 어렵다고 했으므로 적절하다.

② 지문의 2문단에서 형용사 어간에는 현재를 나타내는 선어말 어미 '-ㄴ-/-는-'이 붙지 않는다고 했으므로 적절하다.

④ 해당 문장에서의 '찬'은 동사 '차다'의 어간에 '관형어 구실을 하게 하고 사건이나 행위가 완료되어 그 상태가 유지되고 있음을 나타내는 어미'인 '-ㄴ'이 결합한 형태로, '찬'의 '-ㄴ'은 이미 차 있는 '과거' 시제를 드러내는 표현이다. 따라서 동사로 보는 해당 선지는 적절하다.

4. ④

'이 문제를 못 풀겠어.'에 나타난 '-겠-'은 '의지'가 아니라 가능성이나 능력을 나타내므로, ㉣의 사례로 적절하지 않다.

오답 풀이

① '-겠-'이 없지만 부사 '내일'을 통해 미래임을 알 수 있으므로 ㉠의 사례로 적절하다.

② '-겠-'이 있지만 부사 '지금'을 통해 현재임을 알 수 있으므로 ㉡의 사례로 적절하다.

③ '-겠-'이 있지만 부사어 '어제는'을 통해 과거임을 알 수 있으므로 ㉢의 사례로 적절하다.

5. ②

'연극이 시각적으로 제시한, 그 자체로는 객관적인 배경'은 1문단에 제시된 '연극이 직접 표현하고 제시하'고 있는 공간이므로, ㉠에는 '명시적 시공간'이 들어갈 수 있다. 또한 '등장인물이 그 배경 속에 혼자 갇혀 있다고 느'끼는 시공간은 '주관적 느낌의 차원에서 수용되'고 있는 시공간이므로, ㉡에는 '심리적 시공간'이 들어갈 수 있다. 한편 '거실의 시공간이 중산층의 안정된 삶을, 유리 벽 밖의 시공간이 음울한 현실을 암시할 때, 이 시공간'은 '상징적 의미의 차원에서 수용되'고 있는 시공간이므로, ㉢에는 '함축적 시공간'이 들어갈 수 있다.

오답 풀이

① ㉡, ㉢이 적절하지 않다.

③ ㉠, ㉡이 적절하지 않다.

④ ㉠, ㉢이 적절하지 않다.

6. ①

지문의 1문단에서 '최고의 좋음'을 찾는 것의 중요성에 대해 언급하고 있고, 2문단은 '최고의 좋음'인 행복에 대해 언급하고 있다. 따라서 지문의 중심 내용은 '최고의 좋음인 행복을 추구하는 삶을 살아야 한다.'라고 할 수 있다.

오답 풀이

② 지문의 2문단에서 행복은 '다른 어떤 것 때문에 욕구되는 일이 없다.'고 했으므로 행복이 '다른 어떤 것을 위한 수단'이라는 진술은 지문의 내용에 어긋난다.
③ 지문을 통해 행복은 '여러 '좋음'과 대등'한 것이 아니라, 그것들보다 우월한 '최고의 좋음'에 해당하는 것임을 파악할 수 있다.
④ 지문의 2문단에서 '존경, 인정, 즐거움, 지성 그리고 모든 종류의 인격적 훌륭함' 등을 통해 '우리가 행복하게' 된다고 하였다. 즉 이들은 우리의 행복을 위한 수단이므로 '최고의 좋음'이 될 수 없다.

7. ④

논설문의 결론에서는 본론의 주요 내용 및 논점을 유지하면서 요약, 정리하거나 강조하는 것이 좋다. 그런데 '올바른 책 소장 관리를 위한 기술적 도입 시급'은 글 전체의 논점에서 벗어난 것이다.

오답 풀이

① '지역 공공 도서관의 형성 과정'은 지역 공공 도서관의 문제점과 개선 방안을 다루는 글의 서론으로 어울리지 않으므로, ㉠을 '지역 공공 도서관의 의의와 우리 지역의 실상'으로 수정하는 것은 적절하다.
② ㉡ '다양한 독서·문화 관련 프로그램 운영'은 지역 공공 도서관의 문제점이 아니라 개선 방안이다. 또한 'Ⅱ-2-나'의 '도서 열람에 한정된 프로그램 운영'은 개선 방안이 아니라 지역 공공 도서관의 문제점에 해당한다. 따라서 이 두 항목은 모두 상위 항목과 긴밀히 연결하기 위해 위치를 맞바꾸는 것이 적절하다.
③ 'Ⅱ-1-다. 장애인 편의 시설 미비'를 고려할 때 'Ⅱ-2. 개선 방안'에 이에 대응되는 하위 항목을 추가해야 글의 완결성을 갖출 수 있다.

8. ①

목표 지점에 빠르게 도달할 수 있는 것은 걷기가 아니라 기차 여행이며, 사람이 걷는 길에 비해 기찻길이 보다 직선적인 특성을 지니고 있다. 또한 후술 문단의 내용을 고려했을 때 ①과 같이 수정하는 것이 문맥상 자연스럽다.

오답 풀이

② ㉡의 뒤에 '두 발로 대지에 선 인간은 자연과 일체감을 느낀다'고 하였다. 이때 두 발로 대지에 설 수 있는 것은 기차 여행이 아니라 걷기이며, 자연과 일체감을 느끼기에 좋은 것도 걷기이므로, '걷기'를 '기차 여행'으로 수정하는 것은 적절하지 않다.
③ ㉢의 앞에 '새소리, 물소리, 바람 소리'가 '파동으로 전달되어 인간의 청각에 흔적을 남'길 수 있는 것은 걷기에 해당한다. 반면 기차 여행에서 이러한 요소들은 그저 스쳐 지나가는 무의미한 '잉여'에 불과한 것이다. 따라서 '반면'을 중심으로 앞과 대비되어야 하므로 '기차 여행'을 '걷기'로 수정하는 것은 적절하지 않다.
④ ㉣의 앞에서 '우리는 정처 없이 걸으면서', 즉 걷기를 통해 '시간을 음미'하고 '장소들과 얼굴들을 발견'하고 '감각과 관능의 세계에 대한 지식을 확대'한다고 하였다. 따라서 인간을 '능동적 명상'에 빠지게 하는 것은 기차 여행이 아니라 걷기라고 볼 수 있다. 또한 기차 여행에서 움직이는 것은 인간이 아니라 기차이므로, 육체의 수동성을 일깨워 주는 것은 걷기가 아니라 기차 여행으로 볼 수 있다. 따라서 ㉣의 걷기와 기차 여행을 바꿔 쓰는 것은 적절하지 않다.

9. ②

지문의 1문단은 '고통에 대한 서양 주류 철학의 견해', (가)는 '변신론에 대한 레비나스의 비판', (나)는 '변신론의 개념과 사례', (다)는 '고통에 대한 레비나스의 견해'에 대해 언급하고 있다. 여기서 고통을 선을 두드러지게 하기 위한 신의 섭리로 보는 서양 주류 철학의 견해는 무지한 자의 고통이 존재함에도 신이 정의롭다고 보는 변신론과 일치한다. 따라서 1문단의 뒤에는 (나)가 이어질 수 있다. 또한 변신론을 비판하는 레비나스의 주장은 변신론이라는 용어가 제시된 다음에야 언급될 수 있으므로 (가)는 (나)의 뒤에 이어져야 한다. 한편 고통의 진정한 의미에 대한 레비나스의 견해를 언급하고 있는 (다)는 고통에 대한 변신론의 견해를 비판하고 있는 (가)의 뒤에 이어져야 한다.

10. ①

> ㄱ은 가언 판단(조건 명제, A → B)인 (가)와 대우 관계(~B → ~A)에 있는 명제이다. 따라서 (가)가 참일 때, ㄱ은 항상 참이다.

오답 풀이

②, ③, ④ ㄴ은 (가)와 '역의 관계(B → A)'에 있는 명제로, 참일 수도 거짓일 수도 있다. 한편 ㄷ은 (가)와 '이의 관계(~A → ~B)'에 있는 명제로, 역시 참일 수도 거짓일 수도 있다. 즉 이발사가 아닌 남자가 있을 수 있다.

11. ④

> "양반 여성이 한글 산문으로 자신의 일생을 기록하는 경우"에 대해 설명하는 제시문에서 "한산이씨"의 『고행록』은 18세기 초반("두 이본은 내용상으로는 거의 같지만 18세기 초와 20세기의 표기법이 어떻게 다른지 확인할 수 있다"), "풍양조씨"의 『자기록』은 18세기 후반, "해평윤씨"의 『윤씨자기록』은 19세기의 사례를 보여 준다. 따라서 양반 여성이 자기 일생을 쓴 한글 산문이 다양한 시기에 걸쳐 등장했음은 『고행록』, 『자기록』, 『윤씨자기록』으로 확인할 수 있다.

오답 풀이

① "이 글은 두루마기에 기록되어 있는데, 8대 종부가 책으로 다시 베껴 쓰기도 했다. 여성의 기록이 조상의 필적으로 소중하게 다뤄지던 당대 분위기를 확인할 수 있다"는 설명을 근거로 볼 때, 한산이씨는 만년에 자신의 일생을 돌아본 바를 "두루마기"에 기록하였으며, 그것을 "책으로 다시 베껴" 쓴 인물은 한산이씨가 아니라 "8대 종부"이다. 따라서 만년에 돌아본 자기 일생을 스스로 책에 기록한 인물은 "한산이씨"에도 해당하지 않고 "8대 종부"에도 해당하지 않는다. 그러므로 양반 여성이 만년에 돌아본 자기의 일생을 스스로 책에 기록하여 소중하게 다루었다는 사실을 『고행록』으로 확인할 수 있다는 사실은 적절하지 않다.

② "서술의 중심이 실제로 자기에게만 있다기보다는 가족 관계 속에서의 자기 모습과 생각을 표현하고 있다"는 설명을 근거로 볼 때, 『자기록』은 양반 여성이 사회적 관계 속에서 자신을 이해하였음을 보여 주는 사례이지, 사회적 관계를 벗어나 오직 스스로에게만 주목하기 시작했음을 보여 주는 사례는 아니다.

③ "자신의 감정을 표현하는 과정에서 자신이 읽었던 소설과 가사를 적극적으로 활용하는 모습은 19세기 양반 여성이 문학의 향유자이자 생산자가 되었음을 보여준다"는 설명을 근거로 볼 때, 양반 여성이 소설과 가사를 읽었던 문학의 향유자였다는 사실을, 그리고 자신이 향유한 소설과 가사를 활용하여 스스로의 감정을 표현하는 한글 산문("양반 여성이 한글 산문으로 자신의 일생을 기록하는 경우")을 창작했다는 사실을 알 수 있다. 따라서 『윤씨자기록』을 통해 양반 여성이 소설과 가사의 향유자였다는 사실은 알 수 있지만, 소설과 가사의 창작자였다는 사실은 알 수 없다.

12. ④

선지 ④에 제시된 것은 인격이나 성품을 지적한 것이 아니다. ㉣ '인신공격의 오류'가 아니라 '의도 확대의 오류'의 사례이다.

오답 풀이

① 고아가 될 수 있는 어린아이에 대한 사람들의 동정심을 자극해 불법 체류자를 추방해서는 안 된다고 주장하고 있으므로 '연민에 호소하는 오류'의 사례로 볼 수 있다.
② '성경의 내용이 모두 참'이라는 주장의 근거로 성경의 내용에서 모두 참이라고 말하였기 때문으로 제시하는 것은 논증하는 주장과 동의어에 불과한 명제를 논거로 삼은 것이므로 ㉡의 사례로 적절하다고 볼 수 있다.
③ '국어 성적'이라는 특수한 사례를 근거로 '공부를 잘한다'는 일반적인 결론을 내리고 있으므로 '성급한 일반화의 오류'의 사례로 볼 수 있다.

13. ①

㉠은 '정책의 목표 달성도, 능률성 및 효과성, 주민 만족도'라는 세 가지 기준에서 높은 평가를 받는 것이 사회 복지 정책의 성공을 위해 필요한 조건임을 말하고 있다. 그런데 성공적인 사회 복지 정책으로 평가받는 어떤 정책이 위 세 가지 기준에서 높은 평가를 받았다면, 이는 ㉠의 주장을 뒷받침하는 근거가 될 수 있다.

오답 풀이

② 세 가지 기준 중 하나라도 높은 평가를 받지 못한 사회 복지 정책이 성공적이지 못했다는 평가를 받았다면, 이는 ㉠을 강화하는 근거라고 할 수 있다.
③ 세 가지 기준 중에서 높은 평가를 받지 못한 것이 있음에도 불구하고 성공적이라는 평가를 받은 사회 복지 정책이 있다면, 이는 ㉠에서 이야기하는 필요한 조건이 없이도 성공한 사례가 되므로, ㉠의 반례가 된다. 그러므로 해당 선지는 ㉠을 약화하는 근거라고 할 수 있다.
④ 세 가지 기준 모두에서 높은 평가를 받았음에도 성공적이라는 평가를 받지 못한 사회 복지 정책이 있다면, 이는 오히려 ㉡을 강화하는 근거라고 할 수 있다.

14. ③

㉠은 '농경이 정말 '신석기 혁명'이라 할 만큼 인류의 발전에 지대한 공헌을 한 것은 아니'라는 주장이다. 그리고 두 번째 문단은 그 주장에 대한 내용을 보충하는 글이다. 따라서 글의 주장 및 두 번째 문단의 내용과 잘 호응하는 것을 〈보기〉에서 고르면 된다. 〈보기〉의 ㄴ은 수렵채집인이 농경인보다 열악한 생활을 한 것은 아님을 보여 주고 있으므로 ㉠을 뒷받침하는 근거가 될 수 있다. 또한 ㄷ 역시 당시 사람들의 평균 신장을 통해 수렵채집인이 농경인보다 더 좋은 영양을 섭취했고 신체 능력이 우월했음을 보여 주고 있으므로 ㉠을 뒷받침하는 근거가 될 수 있다.

오답 풀이

①, ②, ④ ㄱ은 농경 생활을 하는 신석기 시대가 수렵채집 시대보다 식량의 생산성이 높았음을 보여 주고 있어 ㉠을 약화하는 근거가 될 수 있다.

15. ④

지문의 3문단에서 필자는 대부들에게 '보잘것없는 수준을 한 번 씻고 모두가 순정(醇正)한 지경으로 돌아'가라고 하였으며, '근자의 버릇을 벗어 버리고 옛 법을 본받'으라고 명하고 있다.

오답 풀이

①, ② 지문의 2문단에서 필자는 '근래'의 우리나라의 문체에 대해 '헛소리와 잠꼬대'에 불과하다고 비판하였다. 또 3문단에서 '옛 법을 본받'으라고 하였다. 따라서 '우리 문체의 우수성'을 바탕으로 '중국 문체를 비판'했다는 추론이나 '옛 문체를 버리고 새로운 문체를 추구'할 것을 주장했다는 추론은 적절하지 않다.
③ 지문의 1문단에서 필자는 '옛 모범을 본받아 따르'는 문체를 예찬하고 있으므로 '타인의 문체를 베끼지 말고 독창적인 문체를 확립할 것을 강조'했다는 추론은 적절하지 않다.

16. ③

지문의 ㉢은 '시서육예(詩書六藝)의 문장에 근본을 두지 않'은 문체로, 필자로부터 '헛소리와 잠꼬대', '술래잡기와 같은 글', '새들이 지껄이는 듯한 보잘것없는 수준'을 지닌, '벗어 버'려야 할 대상으로 비난받고 있다. 반면 ㉠, ㉡, ㉣은 '옛 모범을 본받아 따르고 경전을 보좌함으로써 한 시대의 성대함을 울'린 '전아'하고 '순정'한 문체로, 지문의 필자가 '대부'들이 본받아야 한다고 예찬하고 있는 대상이다.

17. ③

지문의 2문단에서 개미 사회에서는 공정 과정을 한 꺼번에 여럿 운용한다고 하였으므로, 해당 선지는 적절하다.

오답 풀이

① 개미 사회가 우리 사회의 단점을 토대로 진화하지도 않았으며, 지문 내에 기술되어 있지도 않다.

② 단기간의 성과는 직렬 중심 공정이지 개미 사회가 아니다.

④ 지문의 3문단에서 직렬 공정은 '상부에서 잘못된 지시나 명령을 하는 경우 사회 전체가 무너'진다고 하였으므로 해당 선지는 적절하지 않다.

18. ②

지문의 ㉡ '조율하다'는 '문제를 어떤 대상에 알맞거나 마땅하도록 조절하다.'를 의미한다. 그런데 '고르다'는 '울퉁불퉁한 것을 평평하게 하거나 들쭉날쭉한 것을 가지런하게 하다.'나 '붓이나 악기의 줄 따위가 제 기능을 발휘하도록 다듬거나 손질하다.'를 의미하므로 바꿔 쓸 수 없다. ㉡은 '조절하다', '맞추어 나가다'와 바꿔 쓸 수 있다.

오답 풀이

① ㉠ '해명하다'는 '까닭이나 내용을 풀어서 밝히다.'를 의미하므로 '밝히다'와 유사한 표현으로 볼 수 있다.

③ ㉢ '채택하다'는 '작품, 의견, 제도 따위를 골라서 다루거나 뽑아 쓰다.'를 의미하므로 '자기 것으로 만들어 가지다.'를 의미하는 '취하다'와 유사한 표현으로 볼 수 있다.

④ ㉣ '수렴되다'는 '여럿으로 나뉘어 있는 것이 하나로 모여 정리되다.'를 의미하므로 '모이다'와 유사한 표현으로 볼 수 있다.

19. ①

지문의 1문단에서 루카치는 소설이란 '본질을 찾아야 하지만 찾을 수가 없다는 사실을 소재로 삼고 있는' 것이라고 하였다. 또 2문단에서 소설의 주인공은 '본질이 훼손된, 곧 길이 없는 형국'에 놓여 있는 '문제적 개인'이라고 하였다. 따라서 소설의 주인공인 '문제적 개인'은 '세계와 화합하고 있'는 것이 아니라 불화하고 있는 인물이라고 추론하는 것이 적절할 것이다.

오답 풀이

② 지문의 3문단에서 '길은 소설의 내용과 형식을 구성하는 핵심적 대상이면서 동시에 인간의 삶을 구성하는 핵심적인 오브제'라고 했다. 또 '인간의 삶이나 소설은 대체로 '길의 플롯'에 의해 이루어'진다고도 했다. 이는 본질의 결핍으로 상처 입은 인간이 그것을 회복하고자 하는 욕망의 과정이라는 점에서 인간의 삶과 소설이 유사하다는 의미이므로 적절한 추론이라고 볼 수 있다.

③ 지문의 2문단에서 '소설에서 주인공이 길을 찾아 떠나는 이유는 현존 상태가 본질이 훼손된, 곧 길이 없는 형국이기 때문'이라고 하였다. 따라서 루카치의 관점에서, 소설은 훼손된 '자신의 고유한 본질'을 발견하려는 인간의 이야기라고 할 수 있다.

④ 지문의 3문단에서 '여로형(旅路型) 소설'은 '문제적 개인의 여정을 따라 사건의 발생과 해결이 이루어'진다고 했으므로 적절하다.

20. ④

지문의 (가)는 소설의 주인공이 찾아야만 하는 대상인 '본질'을 의미한다. 그런데 ㉣은 여로형 소설에서 중요 소재로 제시되는 실제의 '길'을 의미한다.

오답 풀이

①, ②, ③ ㉠, ㉡, ㉢은 모두 소설의 주인공이 찾아 나서는 궁극적 의미이자 현존 상태에서는 존재하지 않는 '본질'을 의미한다.

제2회
[정답 및 해설]

1	③	2	③	3	②	4	④	5	①
6	②	7	①	8	④	9	②	10	③
11	②	12	①	13	①	14	③	15	④
16	②	17	④	18	③	19	②	20	①

1. ③

해당 문장은 "우리나라가 브라질을(에) 2 : 1로 이겼습니다." 정도로 수정하는 것이 적절하다. 브라질은 유정 명사가 아니므로, '브라질에게'는 '브라질에'로 고치는 것이 맞다.

오답 풀이

① '바야흐로'는 '지금 막'의 뜻으로 과거 시제와 호응하지 않고, 현재 혹은 미래 시제와 호응하므로, '바야흐로 ~ 부르신다'로 수정하는 것은 적절하다.
② '건강하다'는 형용사이므로 명령형이나 청유형 어미와 함께 쓸 수 없으므로, '건강하시길 바랍니다'로 수정하는 것은 적절하다.
④ '생각되어진다'는 '-되다 + -어지다'가 결합한 이중 피동 표현이므로, '생각된다'로 수정하는 것은 적절하다. 또한, '생각하다'의 주어가 '나'이므로 '되다'가 아닌 '한다'로 수정하여야 적절한 주술 호응에 해당한다.

2. ③

상아로 처녀상을 조각한 피그말리온은 '자기 작품의 완벽한 아름다움에 감탄하여 그만 조각상에 대한 사랑에 빠지고 말았다'고 설명되어 있으나, 그의 사랑이 아프로디테의 계획으로부터 시작된 것이었다는 내용은 제시문에서 확인되지 않는다. 피그말리온이 신전에서 '상아 처녀와 같은 아내를 점지해 달라고 간절하게 빌'자 아프로디테는 그의 소원을 들어주었을 뿐이다. 따라서 상아 소녀가 살아 있는 처녀로 변한 것은 아프로디테가 피그말리온의 소원을 들어준 결과로 볼 수 있지만, 피그말리온의 사랑 자체가 아프로디테의 계획으로 시작된 것은 아니다.

오답 풀이

① 피그말리온의 조각상은 사랑에 빠질 만큼 완벽하게 아름다웠으므로 그가 조각 솜씨가 매우 뛰어난 예술가였음을 알 수 있다.
② 피그말리온은 여자들의 결점을 너무 많이 본 나머지 독신으로 살려고 하였다. 그러나 그런 그가, 살아 있는 어떤 여자도 그 아름다움을 따라갈 수 없을 정도로 아름다운 조각상에 반하여 그러한 아내를 소원했다는 것은 여성을 외면적인 존재로 바라보았기 때문이다. 이를 통해 피그말리온이 대상의 외면적인 아름다움에 집착하였음을 알 수 있다.
④ 피그말리온이 상아 처녀와 같은 아내를 점지해 달라고 간절하게 빌었고, 이에 대해 아프로디테는 궁극적 대응으로 조각상을 진짜 처녀로 변신하게 한 것이므로 비현실적 결과로 나타났음을 알 수 있다.

3. ②

제시문은 서구 엘리트주의적 관점에서 대중문화의 저급성을 논하는 입장에 맞서는 대중문화 옹호론에 대해 서술하고 있다. 대중문화의 옹호론자들은 '인간을 정신과 육체로 양분화하고 순수한 이성과 정신만을 추구하는 서양적 사고가 인간의 감각적인 모든 욕구와 욕망을 죄악으로 여기게 하였'으며, 필자는 이러한 사고방식이 대중문화에 대한 편견을 낳았다고 비판하면서, 인간의 욕망과 향유를 이 같은 사고방식에서 해방시킬 필요성을 강조하고 있다. 이와 같은 내용을 바탕으로 할 때 제시문의 핵심 논지는 ②의 진술로 요약할 수 있다.

오답 풀이

① 절제의 미학과 본능의 미학이 나름대로의 존재 이유가 있을 수는 있으나, 서로 의존하는 것은 아니다.
③ 주체성의 결여가 필요함을 지문에서 언급한 바가 없다.
④ 대중문화는 감각적인 욕망을 인정하는 것이지, 그것으로부터 해방되는 것이 아니며, 다소 통속적, 획일적일 수는 있기에, 문화적 다양성이라고 보기도 어렵다.

4. ④

> '손이 크다'는 '씀씀이가 후하고 크다.'라는 관용적 의미로 쓰인 것이 아니라, '손이 크기가 크다.'라는 글자 그대로의 뜻, 즉 지시적 의미로 쓰였다. 따라서 ㉠의 사례로 적절하지 않다.

오답 풀이

① '찬물을 끼얹다'는 글자 그대로의 뜻으로 쓰인 것이 아니라 '분위기를 흐리거나 공연히 트집을 잡아 어깃장을 놓다.'라는 새로운 의미로 쓰인 관용 표현이므로, ㉠의 사례로 적절하다.
② '물을 먹이다'는 글자 그대로의 뜻으로 쓰인 것이 아니라 '남을 곤란하게 만들다.'라는 새로운 의미로 쓰인 관용 표현이므로, ㉠의 사례로 적절하다.
③ '비행기를 태우다'는 글자 그대로의 뜻으로 쓰인 것이 아니라 '남을 지나치게 칭찬하다.'라는 새로운 의미로 쓰인 관용 표현이므로, ㉠의 사례로 적절하다.

5. ①

> 화자가 지향하는 가치들은 '잃어버린 조국', '진리', '부처라는 초월적 대상' 등으로 다양하게 해석할 수 있으나 이는 결국 지향하는 모든 가치의 총체인 절대적 가치로 환원될 수 있는 것이다. 2문단에서도 절대적인 의미로 임의 의미가 부여되므로 해당 선지는 적절하다.

오답 풀이

② 1~4행(기)은 5, 6행(기)으로 시상이 이어지며, 이별의 슬픔이 그대로 유지 및 고조된다. 따라서 임이 떠났다는 사실을 점층적으로 반복함으로 이별의 충격을 드러낸다고 보는 것이 적절하다.
③ 앞의 '그러나'라는 접속어가 주는 의미를 고려해볼 수도 있고, '거자필반(만난 사람은 반드시 헤어지고, 떠난 사람은 반드시 돌아온다)'의 의미로부터 연결되는 내용이므로 이별의 슬픔을 재회에 대한 희망으로 전환한다고 보는 것이 적절하다.
④ 임과의 이별은 지향적 사태가 될 수 없다.

6. ②

> 해당 선지는 저급한 쾌락에 만족하는 자를 비판하는 것으로서 질적 쾌락을 강조하는 필자의 논지를 약화시킬 수가 없다.

오답 풀이

① 제시문에서는 '높은 차원의 쾌락과 저급한 쾌락'을 나누어 설명하고 있는데, 이는 '높은 차원의 쾌락과 저급한 쾌락을 명확하게 나눌 수 없다.'는 것으로 반론이 가능하다.
③ 해당 선지는 '손쉽게 만족을 느끼는 이는 즐거움을 향유하는 능력이 낮은 사람이라는 것은 자명하다.'는 문장에 대한 반론이 될 수 있다.
④ '그렇다고 해서 높은 차원의 쾌락이 내재적으로 더 우월하다는 사실이 변하는 것은 아니'라는 것은 '높은 차원의 쾌락이 저급한 쾌락보다 내재적으로 우월하다는 주장은 근거 없는 믿음에 불과하다.'를 통해 반론이 가능하다.

7. ①

> 검사의 목적은 거짓말할 사람은 최대한 초조하게 만들고 진실을 말할 사람을 최대한 편안하게 하는 것이다. 즉, 아무리 사소한 질문이라도 탐지기가 거짓과 참을 정확하게 구분해 낸다는 점을 피검사자에게 보여 주기 위한 것이다. 탐지기가 이처럼 믿을 만하다는 것을 피검사자에게 인식시키면 거짓말할 사람은 탄로 날까 봐 더 초조하게 되고, 진실을 말할 사람은 그만큼 마음이 편안해지게 된다. 그러므로 검사관은 검사가 끝난 후 반드시 그 결과를 피검사자에게 알려 주며 탐지기의 신뢰성을 강조해야 한다.

오답 풀이

② 검사관이 그렇게 추측할 수는 있겠지만, 이는 검사의 목적과는 무관한 내용이다.
③ 변화가 없는 피검사자에게 검사의 재실시는 필요하겠지만, 이것 역시 검사의 목적과는 무관하다.
④ 검사자가 묻는 어조나 목소리 크기조차 일정해야 한다는 것은 실험 목적 달성을 위해 요구되는 요건일 뿐, 이것이 달라지는 부분에서 긴장도가 정점에 이르렀음을 피검사자에게 알려 주는 것은 실험 목적과는 무관하다.

8. ④

선행되는 과정에 주의하여 문장을 배열한다. (나)는 갈치 손질이 선행되어야 하므로 (라)가 이에 앞서며, (다)는 튀겨 낸 갈치를 조리는 과정으로 갈치를 튀기는 과정인 (나)보다는 나중에 와야 한다. 따라서 (라)-(가)-(나)-(다)의 순서로 배열하는 것이 적절하다.

9. ②

1, 2문단에 따르면 우리들의 일반적 생각과 달리 선입견은 이성에 근거한 의미 있는 것으로 받아들여져야 한다. 이에 의하면 선입견은 역사적 전통의 인정과 관련된 것으로서, 한 개인의 판단에 근거한 단순한 것이 아니므로 적절하지 않다.

오답 풀이

①, ④ 1문단에 의하면 인정과 인식에서 궁극적인 근거를 찾을 수 있는 권위로부터 발생하는 선입견을 긍정적으로 인식하고 있다. 또한 3문단에 의하면 권위와 전통은 같은 것으로 타당성을 가진다고 하였다. 이를 종합하면 선입견을 새로이 조명하여 선입견이 가진 의미를 긍정해야 한다는 입장으로 연결되며, 따라서 특정한 선입견은 인식을 통한 인정에 바탕으로 둔 것으로 정당화될 수 있다고 할 수 있다.

③ 3문단에서 계몽주의는 인식에 있어서 전통을 무력화하고 선입견을 부정하는 견해임을 확인할 수 있으므로 적절하다.

10. ③

㉠과 ③의 '나오다'는 모두 '어떤 근원에서 일어나다.' 또는 '발생하다.'의 의미로 쓰였다.

오답 풀이

① '나오다'가 '안에서 밖으로 오다.'의 의미로 쓰였다.
② '나오다'가 '어떤 데에 나타나다.'의 의미로 쓰였다.
④ '나오다'가 '발견되다.'의 의미로 쓰였다.

11. ②

'미'에 대한 노자의 주장은 '상대성'이다. 즉, 자기의 마음에 들면 아름다운 것이며, 마음에 들지 않으면 추한 것이다. 이는 미에 대한 관점이 상대적일 수밖에 없음을 말하고 있다. '갑'의 진술은 민족에 따라 미의 기준이 다름을 보여 주며, 이는 미가 상대적이라는 노자의 견해를 뒷받침하는 사례로 볼 수 있다. 또한 '병'의 진술은 미가 인간의 주관적 판단에 의해 이루어진다고 보며, 노자의 견해를 뒷받침하고 있다. 그러나 '을'은 미를 자연적 관점으로 국한하여 자연에서 벗어난 것에서는 미를 찾을 수 없다고 하는데, 이러한 객관설은 미의 주관성을 강조한 노자의 견해와 상반된다. 따라서 미에 대한 노자의 견해와 관련하여 갑과 병의 주장은 서로 통하지만, 갑과 을, 을과 병은 상충한다.

12. ①

제시문을 통해 숨은 전제를 이끌어 내는 유형의 문제는 지문에 끊어져 있는 부분을 논리적으로 연결하는 문장을 골라내는 것이다. 이 경우 첫 번째 문장을 통해 '동물의 권리를 존중함. → 육식의 즐거움을 버림.'이 도출되고, 두 번째 문장을 통해 '생활방식의 엄청난 변화를 감내해야 함. → 어려움.'이 도출되므로, 동물의 권리 존중과 어려움을 연결하기 위해서는 육식의 즐거움을 버림과 생활방식의 엄청난 변화를 감내해야 함이 논리적으로 연결되어야 한다. 따라서 ①이 적절하다.

오답 풀이

② 제시문의 논증 과정은 '동물의 권리를 존중함. → 육식의 즐거움을 버림. → 생활방식의 엄청난 변화를 감내해야 함.'으로 이어진다. 따라서 '생활방식의 엄청난 변화를 감내하지 않고도 동물의 권리를 존중할 수 있다'는 것은 논증의 흐름에 맞지 않다.

③ '육식의 즐거움을 누리는 것은 동물의 권리를 존중하는 행위가 아니다.'의 대우는 '동물의 권리를 존중하는 행위는 육식의 즐거움을 누리는 것이 아니다.'인데, 이는 첫째 문장과 동일한 내용이므로 추가해야 할 내용으로 적절하지 않다.

④ '동물의 권리를 존중함. → 육식의 즐거움을 버림. → 생활방식의 엄청난 변화를 감내해야 함.'이라는 제시문의 논증 과정에 벗어난 내용이므로 적절하지 않다.

13. ①

- 을이 범인인 경우에만 갑도 범인이다. → 갑이 범인이면 을도 범인이다.('~에만'일 때는 필요조건처럼 생각하면 된다. '을이 범인인 경우에만 갑도 범인이다.'라는 것은, '을이 범인이 아니라면 갑도 범인이 아니다.'라는 말이기 때문에 결국 갑이 범인이면 을도 범인이다.)
- 갑이 범인이 아니면 병도 범인이 아니다.
  → 대우 명제에 의해 '병이 범인이면 갑이 범인이다.'
- 정이 범인이면 병도 범인이다.
- 정이 범인이다. 그러므로 병은 범인이다.

따라서 정(범인) → 병(범인) → 갑(범인) → 을(범인)이 된다. 그러므로 갑, 을, 병, 정 모두가 범인이다. 따라서 ①이 적절하고, 나머지는 거짓이다.

14. ③

㉢에서 해외 관광의 필요성을 주장하는 것은, 〈반영 요소〉와 〈개요〉의 논지에 맞지 않는다. 〈개요〉와 글의 성격을 고려할 때, 국내관광의 필요성을 집중적으로 조명하는 것이 외국인 유치 및 내국인의 국내 관광 유도 등의 〈반영 요소〉를 고려할 때 더 적절하다고 할 수 있다.

오답 풀이

① ㉠에서 해외관광 수지를 정리한 통계 자료를 제시하는 것은 관광 수지의 중요성을 인식시켜 관광대국의 중요성을 주장할 수 있으므로 적절한 자료이다.
② ㉡에서 한국을 관광할 때 외국인들이 불편했던 사례 조사 자료를 제시하는 것은 국내관광의 불편 사항을 개선하기 위한 자료로 활용할 수 있으므로 적절하다.
④ ㉣에서 다양한 한국적 관광 프로그램 개발의 필요성을 제시하는 것은, 다양한 국내관광 프로그램의 개발 필요성을 제시할 것이라는 〈반영 요소〉와 긴밀한 관련성이 있으므로 적절하다.

15. ④

㉣은 고려의 단청이 외부의 기둥이나 난간 부분에는 붉은색을 칠하고 그늘진 천장이나 추녀 안은 녹색으로 칠해서 명암 효과를 높였다는 점을 강화하는 근거 내용이 된다.

오답 풀이

① 제시문에서는 단청이 불교의 영향을 받아서 발전했다는 내용이 제시되지 않는다. 따라서 ㉠을 제시하는 것만으로 단청이 불교의 영향을 받아서 발전하였다는 점을 강화할 수 없다.
② 단청의 역사는 삼국 시대부터 나타났다고 하였다. 이 점을 부각하기 위해 그 뒤의 내용으로 ㉡이 나타난다. 따라서 문맥을 고려할 때 ㉡을 제시하는 것은 단청이 삼국 시대부터 나타나기 시작했다는 점을 오히려 강화할 수 있다.
③ 신라 시대에는 5색이 진골 계급부터 사용이 금지되었고 왕궁에서만 5색을 사용하였다고 하였다. 따라서 ㉢을 제시하는 것은 신라 때의 단청 사용이 민간보다 귀족 계급에서 더 활발했다는 점과 관련성이 없다.

16. ②

질병 A에 걸린 사람들과 안 걸린 사람들을 나눴을 때, 질병에 걸린 사람들의 경우에는 이들이 공통적으로 갖는 요인을, 질병에 안 걸린 사람들의 경우에는 이들이 공통적으로 결여하고 있는 요인을 질병의 원인으로 보는 것이 적절하다. 이에 따라 질병에 걸린 갑과 을은 고혈압과 흡연이 공통 요인으로 발견된다. 그런데 질병에 안 걸린 병과 정을 보면 흡연을 해도 질병에 안 걸린 경우가 있는 반면, 고혈압이어도 질병에 안 걸린 경우는 발견되지 않는다. 따라서 고혈압을 질병 A의 원인으로 보는 것이 가장 적절하다.

17. ④

> 2문단에 의하면 자발적 만남을 서술하는 「이생규장전」, 「만복사저포기」와 같은 한문 소설과 「구운몽」, 「위경천전」과 같은 국문소설은 낭만적으로 시나 음악을 매개로 사랑을 전달하는 중국의 재자가인 소설에서 영향을 받았다고 할 수 있다. 따라서 적절하지 않은 내용이다.

오답 풀이

① 2문단에 의하면 조선의 고전 소설에서는 여성이 먼저 애정 표현을 적극적으로 하면 처벌이나 대가가 따랐다. 이런 점은 여성의 적극적인 애정 표현이 낭만적으로 제시되는 중국의 재자가인 소설과는 다른 점이다. 따라서 적절한 내용이다.

② 1문단에서 국문소설에서는 혼인 전에 남녀가 만나 사랑을 나누는 과정은 금기에 맞서는 것이어서 여간해서는 서술되지 않는다고 하였고, 2문단에서 자발적 만남은 한문 소설에서는 자주 볼 수 있지만 국문소설에서는 드물게 나타난다고 하였다. 이를 종합하면 국문소설에서는 정혼에 의한 혼인이 자발적 만남에 의한 혼인보다 더 큰 비중을 차지하였다고 볼 수 있다.

③ 2문단에 의하면 여성이 남성에게 애정을 적극적으로 표현하는 경우 보통 그에 따른 처벌이나 대가가 따르게 된다고 하였으므로 이를 더욱 부정적으로 서술하였음을 알 수 있다.

18. ③

> '수행되다'는 '생각하거나 계획한 대로 일이 행해지다.'라는 뜻으로, ㉢에는 '붙좇아져서 따르게 되다.'의 의미를 가진 '수반(隨伴)된다'를 사용하는 것이 적절하다.

오답 풀이

① ㉠ '도전(挑戰)하다'는 '맞서다'의 의미와 통하므로 바꾸어 쓸 수 있다.

② ㉡ '발견(發見)하다'는 문맥상 '보다'와 통하므로 바꾸어 쓸 수 있다.

④ ㉣ '몰락(沒落)하다'는 '모조리 없어지다.'의 의미이므로 바꾸어 쓸 수 있다.

19. ②

> 필자는 철학이 일반인들과 유리되어 있는 현실, 즉 대부분의 사람들이 철학을 점술과 동일시하거나 현실과는 무관하고 난해한 학문으로 여기고 외면하는 현실에서, 그에 대한 대안을 모색하고 있다. 마지막 문단에서 필자가 지적하는 문제의 원인, 그리고 제시하는 대안에서 역시 '철학이 일반인들로부터 유리되어 있는 현실'을 지적하는 점이 묻어나기도 한다.

오답 풀이

① 철학에 대한 일반인들의 오해 중의 하나가 철학에서 점쟁이나 관상가를 연상하는 것이지만, 철학이 점술이나 관상 등과 결탁하는 현상은 제시되지 않았다.

③ 철학이 지나치게 난해한 학문이 되어 가는 상황은 제시되지 않았다.

④ 철학이 고리타분한 옛 윤리에 얽매여 있는 현상은 제시되지 않았다.

20. ①

> ㉠, ㉡, ㉢은 모두 철학의 본질에 해당하는 것으로서 생각하는 과정으로서의 철학을 의미하지만, ㉣은 지식이나 이론 체계로서의 철학을 의미한다.

제3회
[정답 및 해설]

1	①	2	③	3	②	4	④	5	③
6	④	7	①	8	④	9	③	10	④
11	③	12	③	13	②	14	②	15	①
16	①	17	③	18	④	19	①	20	④

1. ①

'계획이 추진하는 것'은 주술 호응과 맞지 않으므로, '계획이 추진된다'로 고치는 것이 적합하다.

오답 풀이

② '군수님 면담'과 같이 명사를 나열하는 것보다 '군수님이~면담한 자리에서'와 같이 용언을 활용하는 것이 자연스러운 표현이다.

③ '적의(適宜)'는 '적의하다'를 줄인 말로서, '무엇을 하기에 알맞고 마땅하다.'라는 뜻이다. 이는 잘 쓰이지 않는 한자어이므로 '알맞게'라고 수정하는 것이 좋다.

④ '주의가 요구됩니다'는 'be required of'를 직역한 어색한 외국어 번역 투이기에 '주의해야 합니다'가 자연스러운 표현이다.

2. ③

'바라'는 악기의 주재료인 가죽을 뜻하는 게일어 '바라'에서 비롯된 이름이다. 그러므로 이는 악기의 연주 방식이 아닌 악기의 주재료가 이름에 반영된 것이라 할 수 있다.

오답 풀이

① '마림바'는 '마리'와 '임바'라는 두 단어에서 유래하였다. 나무를 뜻하는 '마리'와 소리 또는 노래를 뜻하는 '임바'를 합친 것으로 악기의 재료인 나무에 대한 표현을 담고 있다.

② '디제리두'의 이름은 아보리진어에서 비롯된 것으로, 악기 특유의 소리에서 유래된 것이다.

④ '시타르'의 이름은 세 개의 현을 지닌 악기의 구조적인 특징에서 유래된 것이다.

3. ②

지문은 덕 윤리의 정의와 덕을 실천하는 삶의 중요성, 그리고 아리스토텔레스와 공자의 사상을 통해 인간의 도덕적 성숙과 행복을 추구하는 방법을 제시하고 있기에 지문의 중심 내용으로 적절하다.

오답 풀이

① 인의 실천이, 아리스트텔레스의 중용의 미덕과 연결되는 것은 아니다.

③ 마지막 문단에서 효나 충과 같은 덕목들이 개인의 도덕적 성장을 돕는다고 할 뿐, 효과 충은 결국 인의 실천을 이루기 위한 것이다. 인은 '도덕적 품성과 사회적 조화를 강조하며 사람을 사랑하고 배려하는 마음'이라는 정의에 비추었을 때, 자신과 타인과의 관계보다는 자신만의 수양을 강조한 적이 없어 해당 선지는 적절하지 않을뿐더러 중심 소재인 덕 윤리의 정의와도 상충된다.

④ 아리스토텔레스의 중용 개념에 초점을 맞추고 있기에, 과도한 행동을 옹호할 리가 없다. 더불어 이를 중심 내용으로 볼 수는 없다.

4. ④

'한국어는 끝까지 들어봐야 한다.'는 말은 좌분지 언어인 한국어가 주어+목적어+서술어 구조를 갖고 있기 때문이다. 이는 문장의 핵어인 서술어가 문장의 끝에 위치하고 있음을 말한다. 따라서 문장의 '보충어'를 '핵어'로 수정한 것은 적절하다.

오답 풀이

① 피수식어가 오른쪽으로 길어지는 것은, '우분지 언어'이다. 더불어 '수식어'가 오른쪽으로 길어진다는 것 또한 어색하다.

② ㉡의 앞 문장에서는 좌분지 언어의 특성에 대해 제시한다. 이를 고려했을 때 문장을 정확히 이해하기 위해서는 '핵어'가 나올 때까지 '보충어'를 기억 회로에 저장해야 한다.

③ 보충어가 먼저 나오는 것은 우분지 언어가 아니라 좌분지 언어이다.

5. ③

선형 구조는 사건이 시간 순서에 따라 전개되며 관객이 익숙한 방식으로 이야기를 직관적으로 이해하도록 돕는다. 반면, 비선형 구조는 시간 순서를 따르지 않으며 관객이 이야기를 재구성하며 능동적으로 참여하도록 요구한다.

오답 풀이

① 명확한 인과관계를 통해 이야기를 직관적으로 이해할 수 있도록 하는 전개 방식은 선형 구조이다. 비선형 구조는 관객에게 명확한 인과관계보다는 낯선 전개와 의문을 제공하며 능동적인 참여를 유도하므로 적절하지 않다.

② 선형 구조는 시간 순서대로 이야기가 진행되는 반면, 비선형 구조는 사건의 순서를 재배치하거나 여러 시점을 교차하여 전개한다. 비선형 구조는 관객의 능동적 참여와 이야기를 재구성할 기회를 제공한다는 점에서 선형 구조와 차별화되므로 두 구조가 동일한 방식으로 사건을 제시하고, 이야기 재구성 방식만 다르다는 진술은 적절하지 않다.

④ 선형 구조는 주인공이 평범한 일상에서 시작해 갈등을 겪고 이를 해결하며 성장하는 과정을 시간 순서대로 보여 주는 방식이다. 그러나 비선형 구조야말로 과거와 현재를 오가며 이야기를 풀어 가는 방식으로, 결말을 먼저 보여 주는 경우가 있으므로 해당 선지는 적절하지 않다.

6. ④

해당 문항을 해결하기 위해서는 2문단에 제시된 세 편의 소설이 각각 1문단의 '조각난 신체', '죽음의 역광', '대비적 무력감' 가운데 어떤 경우의 사례로서 적합한지를 판단해야 했다. 먼저 박완서의 「길고 재미없는 영화가 끝날 때」는 "암에 걸려 대소변도 가리지 못하는 어머니의 참혹한 말년"이 그려져 있다. 이는 "노인의 고운 죽음이라는 것은 단지 환상에 불과하다는 사실을 폭로"하는 것으로서 "죽음의 역광"을 보여 주는 사례라고 할 수 있다. 따라서 ㉠은 '죽음의 역광'이다. 참고로 "어머니의 참혹한 말년"은 젊은 "딸이 마주하"고 있는 것이지, 어머니가 자신의 말년을 마주함으로써 스스로의 신체를 조각난 것으로 인식했다고 볼 수 있는 대목은 확인되지 않으므로 ㉠에 '조각난 신체'가 들어가기는 어렵다. 다음으로 박완서의 「마른 꽃」에서 '나'는 자신의 몸을 상반신과 하반신으로 "나누"어 생각하고 있다. 이는 "노인이 자신의 신체를 조각난 것으로 인식하는 양상"으로서 '조각난 신체'를 보여 주는 사례라고 할 수 있다. 따라서 ㉡은 '조각난 신체'이다. 참고로 '나'가 하반신을 "죽는 날"까지 "거울에 비춰보지 않으리라 결심"했다는 내용은 "자신의 몸"에 대한 인식을 드러낸 것일 뿐이지, 죽음에 대한 인식을 드러낸 것과는 거리가 멀다. 따라서 ㉡에 '죽음의 역광'이 들어가는 것은 적절하지 않다. 마지막으로 오정희의 「동경」에서 "노부부는 옆집 여자아이의 혈기를 견디지 못"하는데, 왜냐하면 "그녀의 모습"이 노부부의 "어린 아들을 연상시키며 그들의 오래된 삶을 더욱 무기력한 것으로 느끼게 하기 때문"이다. 이는 결국 노부부가 젊은이와의 비교를 통해 느끼는 무력감이기에, ㉢에 대비적 무력감이 들어가는 것이 적절하다. 참고로 "노부부의 어린 아들"이 "스무 해 전에 목숨을 잃은" 것은 비참한 죽음이라 하더라도 노인의 죽음은 아니기 때문에, "노인의 고운 죽음이라는 것은 단지 환상에 불과하다는 사실을 폭로"하는 것과는 거리가 멀다. 따라서 ㉢에 '죽음의 역광'이 들어가는 것은 적절하지 않다.

7. ①

이 글은 '서론 : 백제와 일본 문화의 유사성'에 이어, '(가) 백제와 일본 간의 활발한 문화 교류', '(나) 한반도 문화에 대한 일본의 선택적 수용', '(다) 백제와 일본 왕릉 유물의 유사성'의 순서로 제시되어 있다. 그런데 서론에 이어 (가)는 백제와 일본의 문화 유사성으로 구체화하며 백제 왕릉의 유물이 일본에 영향을 미쳤다는 내용을 진술하고 있다. (다)에서 양국 왕릉에서 발견된 유물의 유사성을 근거로 들고 있다. 그런데 (나)에서는 일본의 한반도 문화의 선택적 수용이 제시되어 있으므로, 맥락상 (가)-(다)-(나)의 순서대로 나열되어야 한다.

오답 풀이

②, ③ (나)는 백제가 일본 문화에 유일한 영향력을 끼친 것이 아니라는 내용이므로 서론 바로 뒤에 오는 것은 적절하지 않다.

④ (가)는 백제와 일본 문화의 유사성을 다루고 있으므로, 일본의 한반도 문화의 선택적 수용을 다룬 (나) 뒤에 오는 것은 적절하지 않다.

8. ④

그레고리력에서는 4로 나누어지는 해를 윤년으로 하고, 100의 배수인 해는 평년으로, 400의 배수인 해는 윤년으로 설정하였다. 그러므로 1600년은 400의 배수이므로 윤년, 1604년은 4의 배수에 해당하므로 윤년, 1700년은 4로 떨어지긴 하지만 100의 배수이므로 평년에 해당한다.

오답 풀이

① 시간이 지남에 따라 달력이 계절과 맞지 않게 됨을 인식하게 된 것은 로마 제정 시기이므로 적절하지 않다.

② 그레고리력은 율리우스력에서 발생한 오차를 수정하기 위해 제정되었으며 1년이 10개월로 구성된 달력의 문제를 해결하려는 목적이 아니었으므로 적절하지 않다.

③ 율리우스 카이사르는 1년을 365.25일로 계산하였고, 이로 인해 지구의 공전 주기 365.242196일과 약간의 차이가 발생하였으므로 적절하지 않다.

9. ③

이 글은 인간의 손 기능이 뛰어나다는 점을 유인원과 비교하여 설명하고 있다. 이 글에 따르면 인간의 손을 유인원과 비교했을 때 가장 큰 특징은 유인원과 달리 엄지손가락이 다른 손가락과 마주할 수 있는 대립 운동 능력을 갖고 있다는 점이다.

오답 풀이

① 동물들의 앞발은 걷기나 뛰기에도 사용되지만 이것이 촉각이 발달하였기 때문이 아니다. 오히려 촉각이 발달하면 인간의 손처럼 땅을 딛는 데 적합하지 않다.

② 인간이 주로 엄지와 다른 손가락, 특히 중지와 약지 사이에 물건을 끼워 잡는 것이다. 유인원은 엄지를 제외한 네 개의 손가락을 동시에 이용해 물건을 잡는다.

④ 인간의 엄지손가락은 다른 손가락과 달리 두 개의 관절과 뼈로 되어 있어 벌림과 모음, 굽힘, 폄이 가능하여 손의 움직임을 더 유연하게 한다.

10. ④

(가)의 '손'은 '사람의 팔목 끝에 달린 부분.'을 말한다. 그런데 ㉣의 '손'은 문맥상 '어떤 사람의 영향력이나 권한이 미치는 범위.'라는 의미로 사용되고 있다.

오답 풀이

① ㉠은 '인간의 앞발에 해당하는 것'으로 인간의 '손'에 해당한다.

② ㉡은 '사물을 집거나 던지고 비틀기, 다듬기' 등의 동작을 수행하는 것으로 인간의 '손'에 해당한다.

③ ㉢은 엄지손가락으로 '손'의 전체적인 움직임이 유연해졌다고 하여 인간의 '손'에 해당한다.

11. ③

전통적인 도자기 제작 방식은 수작업을 통해 각 도자기의 불규칙적이고 유기적인 고유한 미감을 만들어 내며 이는 현대의 전기 가마보다 상대적으로 독특한 질감이나 매력을 재현하기에 용이하다. 따라서 예술적 표현과 가치를 드러낸다. 반면, 현대의 전기 가마는 정밀한 온도 조절을 통해 대량 생산이 가능하고, 실용성과 효율성을 중시한다.

오답 풀이

① 전통적인 도자기 제작 방식에서는 나무를 연료로 사용하는 가마를 이용해 온도와 불꽃의 세기를 세밀하게 조절해야 했다. 이 과정에서 도자기의 색상, 질감 등에 미세한 차이가 생기며 유기적인 미감이 형성된다. 그러나 전통적인 방식에서 온도가 항상 고르게 유지되지는 않았으므로 적절하지 않다.

② 전기 가마는 온도 조절이 정밀하고 대량 생산에 적합하지만, 전통적인 방식에서 나오는 독특한 질감이나 매력을 재현하기는 어렵다.

④ 전기 가마는 온도 분포가 고르게 유지되어 도자기의 크기와 색상이 일관되게 생산된다. 이로 인해 대량 생산이 가능하고, 시간과 비용이 절감된다.

12. ③

㉠은 제작 시간과 비용이 상대적으로 더 많이 소요된다는 의미를 나타낸다. 밑줄 친 '걸렸다'는 '시간이 소요되다.'라는 의미로 사용되었으며 준비하는 데 시간이 많이 들었다는 뜻을 드러내고 있다.

오답 풀이

① 밑줄 친 '걸리면'은 '들키다.'라는 의미로 사용되며 비밀이 새어 나가는 것이 들리거나 알려지는 상황을 가리킨다.

② 밑줄 친 '걸리자'는 '작동되다.'라는 의미로 발전기가 정상적으로 작동하게 된 상태를 의미한다.

④ 밑줄 친 '걸려'는 '담보로 삼다.'라는 의미로 계약서에 위약금이 조건으로 설정되어 있음을 나타낸다.

13. ②

갑은 저출생으로 인한 노동력 부족 문제를 해결하기 위해 적극적인 이민 정책을 도입할 것을 주장하고 있다. 을은 해외 이민을 받아들인 유럽이 심각한 사회 문제를 안고 있다고 하면서 이민 정책을 노동력 확보를 위한 방책이 아니라 사회 전반의 변화를 고려한 접근이 필요하다고 한다. 이민 정책에 대한 부정적인 의견이다. 병은 노동력 확보를 위해 이민 정책이 필요하긴 하지만 이민자들의 경제적 기여를 극대화하고 사회 통합을 이룰 수 있는 대책이 없다면, 아직 이민 정책 도입은 시기상조라고 말한다. 따라서 을의 주장과 병의 주장은 대립하지 않는다.

오답 풀이

① 갑의 주장과 을의 주장은 서로 대립한다.

③ 갑의 주장과 을의 주장은 서로 대립하며, 또한 병의 주장과 갑의 주장도 대립한다.

④ 을의 주장과 병의 주장은 대립하지 않지만, 병의 주장과 갑의 주장은 대립한다.

14. ②

(가)에서 "국어를 잘하는 사람은 모두 글을 잘 쓴다."고 했고, (나)에서 "국어를 잘하는 어떤 사람은 말을 잘한다."고 했다. (나)의 "국어를 잘하는 어떤 사람"은 (가)에 의해 반드시 글을 잘 쓴다. 그 사람은 동시에 말을 잘한다고 했으므로, 말을 잘하면서 글을 잘 쓰는 사람이 존재한다. 따라서 "말을 잘하는 어떤 사람은 글을 잘 쓴다."라는 결론을 내릴 수 있다.

이것을 조건 기호로 표시하면,

(가) 국어 잘함→글을 잘 씀≡글을 잘 못 씀→국어 잘 못함

(나) 국어 잘함∧말을 잘 함≡***말을 잘함***∧국어 잘함 ***→글을 잘 씀***

오답 풀이

① 말을 잘한다고 해서 모든 사람이 글을 잘 쓰는 것은 아니다.

③ 국어를 잘하는 사람이 글을 잘 쓰긴 하지만, 이의 역인 글을 잘 쓰는 사람은 모두 국어를 잘한다고는 할 수 없다.

④ (나)를 국어를 잘하는 사람의 집합과 말을 잘하는 사람의 집합 사이에 교집합이 있다는 것만으로 보면, 글을 잘 쓰는 사람 중 말을 잘 하는 사람은 아닌 경우가 있다는 것이 확정적으로 도출된다고 볼 수 있다. 하지만 (나)는 국어를 잘하는 사람의 집합에는 말을 잘하는 사람이 있다는 원소의 존재를 이야기하는 것일 뿐이므로, 글을 잘 쓰는 사람은 모두 말을 잘한다고 하더라도 (나)에 모순되지 않는다. 따라서 ④번 선지를 결론으로 도출할 수는 없다.

15. ①

스포츠 경기의 심리적 요인인 집중력, 자신감, 그리고 팀원 간의 신뢰 등을 모두 갖춘 야구팀이 올 시즌 우승을 하였다면, 위의 세 가지 심리적 요소가 경기를 승리로 이끄는 핵심적인 요소라고 하는 ㉠의 의견을 강화한다. 참고로, ㉠은 세 요소가 좋은 성적을 거두는 데 필수적이라는 것이며, ㉡은 ㉠의 역이 반드시 참은 아니라는 것이다.

오답 풀이

② 집중력, 자신감, 그리고 팀원 간의 신뢰 중 하나 이상에서 뛰어난 면모를 보여 주지 못해서 올 시즌 성적이 좋지 않은 야구팀이 있다는 것은 세 가지 요소를 갖추는 것이 중요하다고 한 ㉠의 의견을 강화하는 것이다.

③ 집중력, 자신감, 그리고 팀원 간의 신뢰 등 세 가지 심리적 요소 중 하나 이상에서 뛰어난 면모를 보여 주지 못했다는 것은 ㉡의 전제 조건인 '세 요소를 갖추었다'고 하는 것에 어긋나므로 ㉡을 강화하는 것이 아니다.

④ 집중력, 자신감, 그리고 팀원 간의 신뢰 등 세 가지 요소에서 모두에서 뛰어난 면모를 보였지만 올 시즌 성적이 좋지 않은 야구팀이 있다는 것은 ㉠의 역인 '세 가지 요소를 모두 갖추면 경기에 승리한다.'가 반드시 참이 아니라는 점에서 ㉡을 약화시키는 것이 아니라 강화시키는 것이다.

16. ①

ㄱ. 고온 지역에서 생존과 일상 활동에 적합한 직물 의복이 발견되었다는 것은 고온 지역의 기후 조건에 적응하여 의복이 독립적으로 발달하였음을 드러내므로 ㉠의 주장을 강화한다.

ㄴ. 한랭 지역 유적지에서는 가죽 의복의 흔적이 발견되고, 온난한 지역의 유적지에서는 섬유 조각, 즉 직물 의복이 발견되었다는 것은 가죽 의복과 직물 의복이 단순히 발전의 순서로 나타난 것이 아니라 각기 다른 기후와 자원 조건에 적응하여 발달하였음을 드러내므로 ㉠의 주장을 강화한다.

오답 풀이

②, ③, ④ ㄷ. 초기 유물에서 가죽 의복과 관련된 도구가 먼저이고, 이후 직물 의복과 관련된 도구가 만들어진 것은 의복의 발달이 가죽 의복에서 직물 의복으로 이어졌다는 가설을 뒷받침하므로 ㉠의 주장을 약화한다.

17. ③

> (나)는 근대문학의 기점을 영·정조 시대로 한다는 주장으로서 민중의 주체성을 강조한다. 따라서 세계사적 관점에서 근대문학의 정의를 '민족의 고유한 맥락에서 형성된 문학'이라고 수정한다면 (나)의 주장은 약화된다.

오답 풀이

① (가)는 근대문학의 기점을 3·1 운동으로 한다는 주장으로서 민족주의를 강력한 근거로 제시한다. 따라서 자생적 근대문학은 대다수 민중들이 향유하는 문학이라는 점이 강조된다면 (가)의 주장은 강화되는 것이 아니라 약화될 수밖에 없다.

② (가)의 주장은 민족성을 강조하는 것으로서 3·1 운동 당시 민족 정체성을 각성시키고 독립 의지를 표현하는 문학이 새롭게 발굴된다면 (가)의 주장은 약화되는 것이 아니라 강화된다.

④ (나)는 근대문학의 기점을 영·정조로 삼아야 한다는 주장이다. 그런데 언어 의식의 대두로 인해 한글 위주의 문학이 대두하기 시작한 것이 영·정조 시대가 아니라 그 이전이었다고 하면, (나)의 주장은 강화되는 것이 아니라 약화된다.

18. ④

> 맥락상, ㉠, ㉣, ㉤은 민족적 자주성을 강조하는 견해이며, ㉡, ㉢, ㉥은 민중성을 강조하는 견해이므로 ④번이 적절하다.

19. ①

> 네 번째 조건에서 정은 태권도를 하지 않는다고 명시되어 있다. 세 번째 조건에서 병이 달리기를 하면 정은 태권도를 한다고 했지만, 정이 태권도를 하지 않으므로 병은 달리기를 하지 않았음을 알 수 있다. 또한 두 번째 조건에서 을이 등산이나 수영을 하면 병은 달리기를 한다고 했지만, 병이 달리기를 하지 않았으므로 등산과 수영을 하지 않았음을 알 수 있다. 그런데 첫 번째 조건에서 갑과 을 중 적어도 한 명은 수영을 한다고 했는데, 을이 수영을 하지 않았으므로 갑이 수영을 하고 있음을 알 수 있다.

20. ④

> 국어 교육은 이해력, 표현력의 향상, 한국어 교육은 한국어 의사 소통 능력 향상이므로 둘 모두 교육 대상의 능력 향상과 연관이 있다.

오답 풀이

① 한국 문화 이해는 한국어 교육의 영역으로서 국어 교육의 주요한 영역이라고 할 수 없다.

② 비모국어 화자들은 한국어 화자에 비해 한국어 의사 소통 능력이 떨어지기는 하지만 인지능력까지 떨어진다고는 할 수 없다.

③ 문학 작품'만'을이 잘못되었다. 둘 모두 문학 작품 감상 등을 내용으로 하지만 이것만을 주된 내용으로 하지는 않는다.

제4회
[정답 및 해설]

1	②	2	④	3	④	4	②	5	③
6	④	7	②	8	③	9	②	10	③
11	②	12	④	13	③	14	②	15	③
16	④	17	②	18	④	19	①	20	②

1. ②

지문에서 주술호응이 잘못된 것은 맞다. 교육 과정은 기획, 운영되는 것이기 때문이다. 하지만, 이중 피동으로 바꾼 것 역시 잘못되었기 때문에 해당 선지는 적절하게 수정한 것이 아니다. 그러므로 '다양한 교육 과정이 기획, 운영되고 있습니다.' 정도로 수정하는 것이 적합하다.

오답 풀이

① 문장이 '~위한 ~위해'로 구성되어 있어 중복된 표현이 발생하고 문장 표현이 간결하지 않으므로 '담당자를 위한'을 '담당자의'로, '문화·예술 전문 역량 강화를 위해'를 '문화·예술 전문 역량을 강화하고자'로 고치는 것이 바람직하다.

③ '참석'이라는 말에 괄호를 넣어 '최소 1명 이상'이라고 한 것보다는 해당 선지가 문장 표현을 좀 더 간결하게 다듬은 것이다.

④ '과다(過多)하게'와 '많으면'은 중복표현이므로 '신청 인원이 많으면'으로 고쳐 쓰는 것이 좋다.

2. ④

'-었다'는 과거 시제를 나타내는 '-었-'과 문장이 종결되었음을 나타내는 '-다'로 쪼갤 수 있다. 하지만 둘로 쪼개었다고 쪼개기 이전의 의미인 '과거의 사건이 종결되었다.'라는 뜻이 없어지는 것은 아니다.

오답 풀이

① '나비'는 하나의 단어이면서 '나'+'비'로 쪼갤 수 없으므로 하나의 형태소이다.

② '먹다'는 '먹-'이라고 하는 어간과 '-다'라는 종결어미로 쪼갤 수 있으므로 두 개의 형태소로 구성되어 있다.

③ '맛있다'는 하나의 단어이지만, '맛-'과 '있-'이라는 어간과 '-다'라는 종결어미로 쪼갤 수 있어 세 개의 형태소로 이루어졌다고 할 수 있다.

3. ④

사동은 주어가 남에게 동작을 하도록 시키는 것을 나타내는 표현이다. '엎어진 물'은 물이 누군가에 의해 '엎어지는' 동작을 당한 것을 표현하고 있으므로 사동 표현(㉡)이 아니라 피동 표현(㉠)이다.

오답 풀이

① '그 책은 많은 사람들에게 읽혔다.'에서 '책'은 누군가에 의해 읽히는 대상이 되었으므로 피동 표현(㉠)의 사례에 해당한다.

② '사슴이 사자에게 먹혔다.'에서 '사슴'은 먹힘을 당한 것이므로 피동 표현(㉠)의 사례에 해당한다.

③ '상사가 직원에게 보고서를 작성하게 했다.'에서 상사가 직원으로 하여금 보고서를 작성하도록 하였으므로 사동 표현(㉡)의 사례에 해당한다.

4. ②

최재서는 박태원의 「천변풍경」이 리얼리즘을 일보 확대하였다고 하면서 객관적 태도로써 객관을 보았다고 평가하였고, 이상의 「날개」는 리얼리즘을 일보 심화하였다며 객관적 태도로써 주관을 보았다고 평가하였다. 이와 더불어 최재서는 예술의 리얼리티는 다루는 대상이 어느 것이든 객관적 태도로 진실하게 관찰하고 정확하게 묘사하는 데서 생겨나는 것이라고 하므로, 객관적인 태도를 리얼리즘의 핵심으로 간주하고 있음을 알 수 있다.

오답 풀이

① 최재서는 「천변풍경」을 리얼리즘의 심화가 아니라 리얼리즘의 확대로 평가하였다.

③ 최재서는 「천변풍경」을 리얼리즘의 심화가 아니라 리얼리즘의 확대로, 리얼리즘의 핵심을 객관적인 태도로 간주하였다.

④ 최재서는 리얼리즘의 핵심을 객관적인 태도로 간주하였다.

5. ③

> 김 선생이 독서 모임에 참여하면, 이 선생도 독서 모임에 참여하고, 박 선생은 감상 발표를 준비한다.(첫 번째, 두 번째 진술을 통한 정보) 그러므로, 박 선생이 참여하지 않으면, 김 선생은 독서 모임에 참여하지 않게 되므로 선지 내의 진술은 무조건 참이다.

오답 풀이

① 김 선생이 독서 모임에 참여하면, 이 선생도 참여하고 그 결과 박 선생은 감상 발표를 준비하게 되므로 선지 내의 진술은 거짓이다.

② 두 번째 진술의 이(반대)가 성립한다면, 즉, '이 선생이 독서 모임에 참여하지 않으면, 박 선생은 감상 발표를 준비하지 않는다.'가 성립한다면 선지 내의 진술은 참이 되지만, 이는 항상 성립하는 것이 아니다. 따라서 이 선생이 독서 모임에 참여하지 않더라도 정 선생이 감상 발표 준비를 할 수도 있다.

④ 세 번째 진술에서 박 선생이 감상 발표를 준비하지 않으면, 정 선생도 준비하지 않게 된다. 그런데 이것의 대우인, 정 선생이 감상 발표를 준비하면 박 선생은 감상 발표 준비를 한다는 것에 어긋나므로 선지 내의 진술은 거짓이다.

6. ④

> 「서시」를 이루는 핵심적인 소재는 '밤'과 '별', 그리고 '바람'이다. 이러한 상징적 시어를 통해서 화자가 처한 상황과 극복의지를 보여 주고 있으므로 해당 선지는 타당하다.

오답 풀이

① 「서시」를 구성하고 있는 문장들은 시상이 전개됨에 따라 화자의 내면 성찰이 점차 깊어지는 점층적 구조를 띤다. 따라서 해당 선지는 적절하지 않다.

② 「서시」의 화자는 자신에게 주어진 길을 부끄러운 삶이 아니라 부끄러움이 없는 삶으로 인식하고 꿋꿋하게 걸어가야겠다고 다짐하고 있다.

③ 「서시」는 '과거→현재→미래'가 아니라 '과거→미래→현재'라는 시간적 순서에 따라 시상이 전개되고 있다.

7. ②

> 이 글은 공유 경제에 관한 내용으로, (가)에서는 공유 경제의 문제점이, (나)에서는 공유 경제의 개념이, (다)에서는 공유 경제의 발전 방향이, (라)에서는 공유 경제의 이점이 제시되고 있다. (다)에서는 (가)에 제시된 '이러한 문제들'을 해결해야 한다 하였고, (가)에서는 '그러나'를 통해 글의 흐름이 공유 경제의 '문제점'으로 바뀌고 있으므로 공유 경제의 이점을 제시한 (라)가 그 앞에 위치하는 것이 적절하다. 따라서 공유 경제의 개념을 제시한 (나)에 이어, 공유 경제의 이점을 제시한 (라) 그리고 공유 경제의 문제점과 발전 방향을 제시한 (가), (다)의 순으로, 즉 (나)-(라)-(가)-(다)의 순서대로 나열되어야 한다.

오답 풀이

① 공유 경제의 정의를 제시한 (나)가 가장 처음에 제시된 것은 맞지만, 바로 공유 경제의 문제점이 뒤따르는 건 적절하지 않다.

③, ④ 공유 경제의 이점을 제시하기에 앞서 공유 경제가 무엇인지 정의를 제시하는 것이 적절하다. 그러므로 (라)가 가장 먼저 제시되는 것은 적절하지 않다.

8. ③

> 두 번째 지침에 따라 본론은 2개의 장으로 구성하며 각 장의 하위 항목끼리 대응하여야 한다. 그러므로 ㉢에는 Ⅱ-1을 해결하기 위한 방안에 관한 내용이 제시되어야 한다. 그러나 '학업 성취도별 차등화된 대학 입학 추진'은 공교육의 정상화 혹은 사교육 의존도를 떨어뜨리기 위한 직접적인 해결이 될 수 없다.

오답 풀이

① 첫 번째 지침에 따라 서론에서는 중심 소재의 '개념 정의'와 '문제 제기'를 작성해야 한다. 앞서 중심 소재인 교육 격차에 대한 정의가 소개되었으므로 ㉠에는 교육 격차에 대한 문제를 제기하는 내용이 들어가야 한다.

② 두 번째 지침에 따라 본론의 각 하위 항목끼리 대응하도록 작성해야 하므로 ㉡에는 Ⅲ-2와 관련된 문제의 원인이 들어가야 한다.

④ 세 번째 지침에 따라 결론에서 '기대 효과'와 '향후 과제'를 작성해야 한다. 앞서 '기대 효과'에 대한 내용이 제시되었으므로 ㉣에는 '향후 과제'에 관한 내용이 들어가야 한다.

9. ②

해당 실험은 스마트폰 전자파 노출이 기억력에 미치는 영향을 파악하려는 것이다. 실험 결과, 전자파에 지속적으로 노출될 경우 기억력 발달에 부정적인 영향을 미칠 수 있다는 것을 알 수 있었으며 이를 통해 장시간 통화 환경에 노출된 청소년은 기억능력 저하에 결정적인 영향을 미칠 수 있다는 결론을 추론할 수 있다.

오답 풀이

① 연구팀은 전자파와 기억력의 상관관계를 객관적으로 분석하기 위해 문자 메시지, 게임, 인터넷 검색이 아닌, 통화 시간을 중심으로 연구했다고 한다. 따라서 통화 시간과의 상관관계를 찾아야 하며, 기억력 저하가 과다 메시지 사용으로 이어지는 것도 알 수 없다.
③ 청소년이 전자파에 지속적으로 노출될 경우 기억력 저하에 심각한 해를 끼칠 수 있다는 것은 지문의 실험 결론으로 적절하나, 성인과 비교한 적은 없다.
④ 스마트폰 전자파 노출이 청소년의 기억력에 부정적인 영향을 미친다는 것은 지문의 실험 결론으로 적절하나, 신경 발달에도 부정적인 영향을 미친다는 것은 지문을 통해 추론할 수 없는 내용이다.

10. ③

「이생규장전」에서 주인공들은 모두 세 번의 이별을 하지만 마지막 이별은 환상적 세계에서 재회할 것을 믿고 이별을 필연적으로 받아들이고 있다. 이는 서양의 비극과 달리 세계를 대결의 대상이 아니라 수용의 대상으로 여기고 있음을 말한다.

오답 풀이

① 서양 비극에 해당하는 셰익스피어의 주인공들은 고귀한 신분을 갖고 있다. 반면 한국 고소설의 비극적 주인공들은 미천한 신분으로서 「이생규장전」의 주인공도 여기에 해당한다. 따라서 두 작품의 주인공들이 고귀한 신분을 갖고 있다는 점에서 공통적이라는 것은 적절한 추론이 아니다.
② 현대에 이르러서도 비극이 보편적인 호소력을 갖고 있는 것은 인간 삶의 본질적인 비극성을 제시하여 관객에게 깊은 성찰을 제공하기 때문이다. 이러한 점이 비극을 극복하려는 의지가 반영된 것이라고는 볼 수 없다.
④ 그리스 비극의 주인공들은 신이 정한 운명과 대결을 하다 몰락하게 된다. 이것은 "인간이 신이 되지 않는 한, 인간에게 고통과 절망은 그치지 않는다."라는 인식을 바탕으로 하는 것으로서 신이 되고자 하는 인간의 의지를 보여 주는 것은 아니다.

11. ②

㉠은 '사람, 물건, 권리, 책임, 일 따위가 한쪽에서 다른 쪽으로 옮아가다.'라는 뜻으로, '사건이 경찰에서 검찰로 넘어갔다.'에서의 '넘어가다'와 문맥적 의미가 유사하다.

오답 풀이

① '바로 있던 것이 저쪽으로 기울어지거나 쓰러지다.'라는 의미이다.
③ '어떤 일이나 문제를 소홀히 여겨 그냥 지나치다.'라는 의미이다.
④ '종이나 책장 따위가 젖혀지다.'라는 의미이다.

12. ④

(가)에 따르면, 건강 문제에 관심이 있는 사람 중 일부는 운동 습관에 관심이 없다. 그런데 (나)에 따르면 다이어트에 관심이 있는 사람은 모두 운동 습관에 관심이 있는 사람이므로, 이의 대우인 '운동 습관에 관심이 없는 사람은 다이어트에도 관심이 없다. 따라서 (가)와 (나)를 전제로 하면, 건강 문제에 관심이 있는 사람 중 일부는 다이어트에 관심이 있는 것은 아니라는 결론이 나오게 된다.

오답 풀이

① 운동 습관에 관심이 있다고 해서 다이어트에 관심이 있다고 단정할 수는 없다. 또한, 건강 문제에 관심이 없는 사람이 다이어트에 관심이 없는지는 확인할 수 없으므로 결론으로 적절하지 않다.
② (나)에 따르면, 다이어트에 관심이 있는 사람은 모두 운동 습관에 관심이 있다. 그러나 다이어트에 관심이 있는 사람들이 건강 문제에 관심이 있는지 여부에 대한 정보는 없다. 다이어트에 관심이 있는 사람이 모두 건강 문제에 관심이 있는 경우가 있을 수도 있으므로 결론으로 적절하지 않다.
③ (나)에 따르면, 다이어트에 관심이 있는 사람은 모두 운동 습관에 관심이 있다. 다이어트에 관심이 있는 사람이 건강 문제에 관심이 있을 수 있으므로 결론으로 적절하지 않다.

13. ③

> 인공지능 기반 교통 관리 시스템은 도시 전역의 교통 데이터를 분석하여 차량 흐름을 예측하고, 이를 바탕으로 흐름을 조정함으로써 차량 정체 문제를 효율적으로 해결할 수 있다는 내용이 제시되어야 한다. 그러나 기존의 신호 체계에 따라 도로 흐름을 안내한다는 표현은 인공지능 기반 시스템의 기능을 제대로 설명한 것이 아니므로 수정된 문장은 글의 흐름과 맞지 않는다.

오답 풀이

① 도로를 확장하거나 대중교통을 강화하는 방안이 단기적인 효과를 낼 수는 있으나, 근본적인 해결책이 되지 못한다는 내용이 제시되고 있다. 따라서 교통량 증가와 공간적 제약으로 인해 도로 확장 등의 방안이 근본적으로 교통 문제를 해결하지 못했음을 설명하도록 수정한 문장은 적절하다.

② 자율주행 자동차가 차량 간 통신을 통해 교차로 대기 시간을 줄이고, 실시간으로 최적의 경로를 계산하여 교통 문제를 해결하는 혁신적 대안으로 주목받고 있다는 내용이 제시되고 있다. 따라서 최적의 경로를 계산하여 교통 혼잡을 완화하는 것은 교통 문제를 해결할 방안이 되므로 수정된 문장은 적절하다.

④ 자율주행 자동차와 인공지능 시스템이 교통 문제 해결의 혁신적 대안으로 주목받고 있지만 해결 과제가 여전히 남아 있다고 한다. 이를 해결하기 위해 적은 인프라가 아닌, 막대한 투자가 필요하다. 나아가 이 사례는 개인적인 결단으로 해결 가능한 것은 아니다. 따라서 적은 인프라 비용과 개인적인 결단 대신에 막대한 인프라 비용과 사회적 합의가 필요하다는 수정 내용은 적절하다.

14. ②

> ㄱ. "저기 경찰 온다."라는 발화는 단순히 경찰의 접근을 알리는 행위이지만 청자에게 경찰의 도움을 청하거나 도망을 가라는 발화 수반 행위로 해석될 수 있다. 그런데 이 말을 듣고 청자가 경찰에게 도움을 청했다면 발화 효과 행위가 효과적으로 일어난 것으로 ㉠을 강화한다.
> ㄴ. "나는 공을 잘 찬다."라는 발화는 자신의 능력에 대한 진술일 수도 있지만 화자가 축구 경기에 나가고 싶은 사람이라면 자신을 경기에 내보내 달라는 의도를 전달하는 발화 수반 행위가 일어난 것으로 ㉠을 강화한다.
> 따라서 ㄱ, ㄴ이 올바른 내용이다.

오답 풀이

③, ④ ㄷ에서 "주말에 비가 온다던데."라는 연인의 발화는 단순히 주말의 날씨를 말한 것일 수 있지만 이를 듣고 주말에 잡은 약속을 취소하였다면 발화 효과 행위가 일어난 것으로서 ㉠을 약화하는 것이 아니라 강화한다.

15. ③

> 「나무꾼과 선녀」에서 나무꾼이 선녀에게 날개옷을 건네주지 말라는 금기를 위반한 것은 욕망을 실현하기 위함이다. 하지만 두레박을 타고 하늘로 올라가서 재회를 하는 것은 금기를 위반한 것 때문이 아니라 진실된 사랑의 결과이다.

오답 풀이

① 「장자못 설화」에서 며느리에게 설정된 금기는 뒤를 돌아보지 말라는 것으로서 며느리의 욕망을 절제하기 위함이다.

② 「창세기」에서 이브가 하나님이 금지한 선악과를 먹음으로써 금기를 위반한 행위는 인간의 욕망으로 인해 발생하는 갈등을 보여 주는 것이다.

④ 「우렁각시 설화」에서 주인공은 금기를 위반하지만 재생과 정화의 과정을 거쳐 두 사람의 관계가 회복된다. 또한 「판도라의 상자」에서 주인공은 금기를 위반하고 상자를 열어 보지만 결과적으로 '희망'이 남아 있게 된다. 따라서 이들이 금기를 위반한 행위는 '금기를 설정한 것은 욕망을 절제하기 위함이지만 인간의 욕망은 그것을 넘어서게 된다'는 양가적 속성을 갖고 있다고 할 수 있다.

16. ④

> ㉣ '넘어서다'는 설정한 금기를 극복한다는 의미로, 전체적인 균형을 맞추는 '조율'과는 관련이 없다.

오답 풀이

① '야기하다'는 '일이나 사건 따위를 끌어 일으키다.'라는 의미로서 ㉠ '가져오다'와 바꿔 쓰기에 적절하다.

② '나타내다'는 '모습을 드러내다.'라는 의미이기에 ㉡ '드러내다'와 바꿔 쓰기에 적절하다.

③ '확인하다'는 '틀림없이 그러한가를 알아보거나 인정하다.'라는 의미로서 ㉢ '알아보다'와 바꿔 쓰기에 적절하다.

17. ②

> '을'은 '사람들은 왜 그렇게 개인 정보를 쉽게 제공할까?'라고 질문을 던지며 개인 정보를 쉽게 제공하는 원인에 대한 분석의 필요성을 제시함으로써 논의의 깊이를 더하고 있다.

오답 풀이

① 갑, 을, 병 모두 이유나 원인, 윤리적 책임을 강조하는 방식으로 논의를 전개하고 있을 뿐, 구체적인 경험을 들어 자신의 주장을 강화하는 방식은 나타나고 있지 않다.

③ 기존의 주장에 대한 반박보다는 의견을 확장하고 주장을 보완하는 형태로 대화가 진행되고 있으므로 적절하지 않다.

④ 전문가의 인용은 해당 대화에 등장하고 있지 않다.

18. ④

데카르트는 감성적 경험이 아닌, 이성적 추론, 직관을 강조한 사람이다. 감성적 경험이 반드시 지식을 쌓는 데에 필요하다면 데카르트의 주장은 약화될 수밖에 없다.

오답 풀이

① 플라톤은 진정한 지식은 이데아 세계에 대한 인식에서 비롯된다고 주장한다. 따라서 진정한 지식이 이데아 세계에 대한 인식과 무관하다는 것이 밝혀진다면 플라톤의 주장은 강화되는 것이 아니라 약화될 것이다.

② 베이컨은 관찰과 실험을 통해 세계를 인식한다고 주장한다. 그런데 개별 사례에 대한 관찰을 통해 일반적인 법칙을 유추하는 방법이 획기적으로 발전하였다면 이는 베이컨의 주장을 약화시키는 것이 아니라 강화시키는 것이다.

③ 데카르트는 진정한 인식은 감성적 경험이 아닌 이성적 사고에서만 가능하다고 본다. 따라서 상대의 눈빛을 보고 자신에 대한 호감이 있음을 확신하였다는 것은 감성적 경험에 의한 것으로서 데카르트의 주장은 강화될 것이 아니라 약화될 것이다.

19. ①

㉠은 '이데아론'을 제시한 플라톤을 지칭하고 있다. 또한 ㉡은 베이컨이 비판한 '이데아처럼 눈에 보이지 않는 형이상학적인 존재를 인정하는' 사람을 지칭하므로 역시 플라톤을 가리킨다. 따라서 지칭하는 대상이 동일한 것은 ㉠, ㉡이다.

오답 풀이

② ㉠은 플라톤을 가리키지만, ㉢은 플라톤을 비판한 베이컨을 가리킨다.

③ ㉡은 플라톤을 가리키지만, ㉣은 지식의 근원은 이성과 논리적 사고에 있다고 한 데카르트를 가리킨다.

④ ㉡은 플라톤을, ㉢을 베이컨을, ㉣은 데카르트를 가리킨다.

20. ②

첫 번째 전제에 따르면 모든 공직자는 자신이 맡은 일에 책임을 다하며, 두 번째 전제에 따르면 자신이 맡은 일에 책임을 다하는 사람들 중 일부는 동료 직원의 업무도 수행할 줄 안다. 그런데 이 두 번째 전제에서 동료 직원의 업무도 수행할 줄 아는 일부의 책임을 다하는 사람들이 반드시 공직자라는 것이 담보되지 않기 때문에, 두 전제만으로는 결론이 도출되지 않는다. 자신이 맡은 일에 책임을 다하는 사람은 모두 공직자여서, 첫 번째 진술과 결합했을 때 공직자의 집합과 자신이 맡은 일에 책임을 다하는 사람의 집합이 동일 집합임이 도출되면, 두 번째 전제를 공직자에 대한 것으로 바꿀 수 있으므로 추가해야 할 전제는 '자신이 맞은 일에 책임을 다하는 사람은 모두 공직자들이다.'가 적절하다.

오답 풀이

① '공직자들의 일부는 자신이 맡은 일에 책임을 다한다.'는 첫 번째 전제에서 어긋나므로 적절하지 않다.

③ '동료 직원의 업무도 수행할 줄 아는 사람의 일부는 자신이 맡은 일에 책임을 다하는 사람이다.'는 두 번째 전제의 역이므로 추가해야 할 전제가 아니다.

④ '공직자가 아닌 사람은 모두 자신이 맡은 일에 책임을 다한다.'는 첫 번째 전제에서 어긋나므로 추가해야 할 전제가 아니다.

제5회
[정답 및 해설]

1	④	2	④	3	③	4	③	5	③
6	④	7	④	8	②	9	①	10	①
11	②	12	①	13	③	14	③	15	③
16	②	17	④	18	④	19	①	20	③

1. ④

'한자리'를 '같은 자리.'의 뜻으로 쓰면 한 단어이므로 붙여 쓴다. 따라서 "실무 담당자 50여 명이 한 자리에 모여"라고 띄어 쓴 것은 적절하게 수정한 것이 아니다.

오답 풀이

① "봄에 씨를 뿌리면 가을에 수확할 수 있기 때문에"는 '수확하다'에 필요한 목적어가 생략되어서 모호한 표현이 되었다. '작물을'이라는 목적어를 삽입함으로써 서술어와 호응을 이룰 수 있게 된다.

② 국어기본법에 따라 외국 문자는 괄호 안에 적거나 다듬은 우리말로 적어야 한다. 'MOU'는 '업무 협정'이나 '양해 각서'라는 우리말로 수정하는 것이 적절하다.

③ "재난에 대응하여 관련 부처들을 잘 연결시키도록 함."을 ㉢에 따라 "재난에 대응하여 관련 부처들을 잘 연결하도록 함."으로 수정한 것은 불필요한 사동을 제거한 것이므로 해당 선지는 타당하다.

2. ④

큰 창끝에 도끼와 창끝이 결합한 무기인 '할버드'와 날이 긴 창을 의미하는 '글레이브'는 긴 창에 날붙이가 달린 무기들을 총칭하는 '폴 암'에 포함되는 용어이다. '할버드'와 '글레이브'가 포함되는 '폴 암'이 무기의 형태에 따른 용어라는 진술은 맞지만, '할버드'에 포함된다는 진술은 적절하지 않다.

오답 풀이

① 성벽이나 방어 시설을 돌파하는 전술을 의미하는 '브리칭'은 전술에 따른 명칭으로, 전술 구사 방법에 따른 용어라는 진술은 적절하다.

② '쉐보쉐'는 12세기 프랑스에서 처음 등장한 용어로, 적의 자원을 파괴하고 약탈하기 위한 기병 습격을 의미한다. 이는 문화적 배경에 따른 용어에 해당한다.

③ '앰부시'는 숨겨진 위치에서 지나가는 적을 기습 공격하는 전술을 의미하며 이는 전술 구사 방법에 따른 용어에 해당한다.

3. ③

랑케는 객관적 사실의 재현을 강조하며 과거의 사실을 있는 그대로 파악하는 것을 중요시하였다. 카는 역사적 사실의 독립적 존재를 인정하면서도 해석을 통해 그 의미를 부여한다고 보았다. 이들의 공통점은 역사적 사실이 역사 연구에서 필수적이며 중요하다는 점을 전제로 한다는 것이다. 그러므로 랑케가 주장한 객관적 사실의 재현과 카가 주장한 해석은 모두 역사적 사실의 중요성을 인지하는 데 기반을 둔다고 한다는 진술은 중심 내용으로 적절하다.

오답 풀이

① 역사학자 카는 '기계적인 재현'을 잘못된 것으로 보았다.

② 역사적 사실이 독립적으로 존재하지만, 그 의미와 중요성은 역사가의 해석을 통해 부여된다고 언급한 것은 카이며, 이 진술은 랑케의 주장을 포괄하지 못하므로 중심 내용으로 적절하지 않다.

④ 역사를 현재의 목적에 맞춰서 변형하는 것은 바로 왜곡에 해당한다.

4. ③

본문 내에 보조사가 쓰인 문장을 살펴보자. "영수가 삼국지는 읽었다." '삼국지'는 체언이므로 보조사는 체언만이 아니라 다양한 품사와 결합하여 특별한 의미를 더해준다. 따라서 '체언을 제외한'은 어색한 곳으로서 이를 '체언뿐만 아니라'로 수정한 것은 적절하다.

오답 풀이

① '삼국지' 뒤에 붙은 '는'은 목적어임을 표시하는 기능 없이 의미만을 더해 주는 것으로서 ㉠을 '목적어임을 표시하는 기능과 함께'로 수정하는 것은 적절하지 않다.

② 격 조사는 문장 내에서 '체언'의 문법적 기능을 나타내는 것으로서 ㉡을 '용언의 문법적 기능을 나타내며'로 수정하는 것은 적절하지 않다.

④ 격 조사는 보조사와 달리 구어체에서 자주 생략된다는 특징이 있다. 따라서 ㉢을 '구어체에서 자주 함축된다는 특징'으로 수정하는 것은 적절하지 않다.

5. ③

2문단 하단 부분의 '마티스의 작품은 신비롭고 평온한 느낌을 주며 비행에 대한 열정을 붉은 심장으로 상징하고 있다. 샤갈은 다양한 색조를 활용하여 풍부한 색감을 표현하였고, 이카루스의 추락을 서사적으로 풀어내며 더 넓은 맥락을 전달하고자 하였다.'를 통해 적절하다고 판단할 수 있다.

오답 풀이

① 마티스와 샤갈은 이카루스 신화라는 동일한 주제를 다루었지만, 그들의 시각적 접근 방식은 매우 달랐다. 마티스는 단순화된 형태와 강렬한 색채 대비를 사용한 반면, 샤갈은 복잡한 구성과 초현실주의적 요소를 활용하였다.

② 마티스와 샤갈 모두 인간의 야망과 한계를 표현했지만, 그들의 표현 방식은 달랐다. 중세 종교화처럼 원근법을 사용하여 깊이감을 조성한 것은 샤갈만 해당한다.

④ 이 설명은 두 화가의 특징을 반대로 서술하고 있다. 마티스가 강렬한 색채 대비를 사용하여 시각적 효과를 극대화했고, 샤갈이 다양한 색조를 활용하여 풍부한 색채 표현을 하였다.

6. ④

『카라마조프가의 형제들』은 1861년 알렉산드르 2세에 의해 시행된 농노 해방 이후의 러시아 산업화 사회를 배경으로 한다. 이 작품의 사상적 뿌리는 17세기와 18세기에 닿아 있지만, 실제 창작 시기는 19세기 후반임을 알 수 있다.

오답 풀이

① 18세기의 계몽주의 사상이나 서구화된 사상들이 작품의 사상적 뿌리에 맞닿아 있는 것은 맞지만, 창작 시기는 농노 해방 이후의 러시아 산업화 사회를 배경으로 하므로 적절하지 않다.

② 서구화된 사상들이 논의되던 시기이지만, 이 시기는 작품의 사상적 흐름과 관련될 뿐, 창작 시기와는 관련이 없다.

③ 1861년 농노 해방령이 시행되기 이전이므로 농노 해방 이후 산업화 사회를 작품의 배경으로 하는 이 작품의 창작 시기가 될 수 없다.

7. ④

서두 부분에서 고분은 무덤의 크기나 신분에 따라 명칭을 달리한다고 제시되었으므로 이어서 나올 내용은 (다) 무덤의 크기에 따른 명칭이 적절하다. (다)의 맨 뒤에 '능'에 대해 언급이 되었으므로 그 뒤에는 (나) 능의 완성 시기와 고려의 왕릉, 맨 뒤에는 (가) 조선 왕릉에 대한 설명이 이어지는 것이 적절하다.

오답 풀이

① (가)는 조선 왕릉의 공간을 다루고 있으므로 시기적 흐름을 제시하는 구성에서 서두 뒤에 나오는 것은 적절하지 않다.

② (나)는 능이 구성되는 시기와 고려의 왕릉을 다루고 있으므로 서두 뒤에 오는 것은 적절하지 않다.

③ (다)는 서두 뒤에 오는 것은 적절하지만 (가) 조선 왕릉을 다루는 내용이 (나) 고려 왕릉을 다루는 내용 앞에 오는 것은 적절하지 않다.

8. ②

이슬람교에서는 금요일을 '주일 예배일'로 지정하면서 토요일 해 질 무렵부터 한 주가 시작되는 것으로 간주한 유대교와 신성한 날인 일요일을 한 주의 시작으로 간주한 기독교와 또 다른 양상을 띠게 되었다. 그러므로 이슬람교에서 종교적 이유로 주의 시작을 금요일로 지정하였다는 것은 적절하다.

오답 풀이

① 바빌로니아 문명이 일주일을 7일로 정하는 데 기여한 것은 맞지만, 월요일을 한 주의 시작으로 정한 것은 아니다. 월요일이 시작 요일로 지정된 것은 20세기에 국제 표준화 기구(ISO)에 의해서이다.

③ 천체 관측을 통해 7일 주기를 만든 것은 바빌로니아 문명이지만, 이것이 『성경』에 반영된 것은 유대교를 통해서이다. 기독교는 이후 예수의 부활로 인해 일요일을 신성한 날로 삼았을 뿐, 7일 주기의 기원과 직접적으로 관련되지는 않는다.

④ 국제 표준화 기구(ISO)는 월요일을 일주일의 시작 요일로 정했지만, 미국과 일부 국가들은 여전히 일요일을 첫날로 사용하고 있다는 내용이 지문에 명시되어 있다. 따라서 '모든 국가'라는 표현은 적절하지 않다.

9. ①

개의 눈 뒤편에 있는 타페텀이라는 반사층이 망막을 통해 들어오는 빛을 반사하는 거울 구실을 하고 있어서 동물의 눈이 불을 켠 것처럼 보이게 된다.

오답 풀이

② 원뿔세포는 색깔을 감지하고 선명하게 상을 보는 데 필요한 세포이다. 어두운 곳을 더 잘 보게 하는 기능을 갖고 있는 것은 막대세포다.
③ 삼색형 색각은 빨강, 초록, 파랑을 포함한 다양한 색상을 인식할 수 있지만, 이색형 색각은 노랑과 파랑만을 인식한다. 따라서 삼색형 색각이 이색형 색각보다 색상의 구분 능력이 떨어진다는 것은 잘못된 추론이다.
④ 니츠의 실험은 개가 색깔을 구분할 수 있는지를 알아보기 위함이다. 따라서 개는 같은 색의 판이 아니라 다른 색의 판에 코를 대야 간식을 먹을 수 있었다.

10. ①

(가)의 '눈'은 '사물을 보고 판단하는 힘.'이라는 의미로서 '빛의 자극을 받아 물체를 볼 수 있는 감각 기관.'이라는 '눈'과는 다르다. ㉠은 자기 눈에 보이는 세상만을 믿고 산다는 의미이므로 (가)의 '눈'과 문맥적 의미가 유사하다.

오답 풀이

②, ③ 모두 '빛의 자극을 받아 물체를 볼 수 있는 감각 기관.'으로서의 '눈'이라는 의미로 사용되고 있다.
④ '눈에 불을 켜다'는 '몹시 욕심을 내거나 관심을 기울이다.'라는 관용적 의미가 있지만 여기서는 문맥상 감각 기관으로서의 '눈'이라는 의미로 쓰이고 있다.

11. ②

항공 우주 탐사는 우주와 다른 행성을 탐사 대상으로 삼기에 심해 탐사에 비해 탐사 대상의 접근성이 낮으며 이로 인해 고도의 기술력과 막대한 자원을 요구한다. 또한 접근성이 상대적으로 높아 다양한 프로젝트를 동시에 진행하기 용이하다는 설명은 심해 탐사에 대한 설명이므로 적절하지 않다.

오답 풀이

① 심해 탐사를 통해 얻어진 정보는 해양과학, 생물학, 지질학 등 다양한 분야에 유용한 연구 결과를 제공하므로 심해 탐사를 통해 얻어진 연구 결과가 다양한 학문 분야에 활용된다는 것은 적절하다.
③ 하이브리드 장비인 ROV는 유인 잠수정과 무인 잠수정 기술을 결합한 장비로, 이는 심해 탐사 시 극단적 압력과 어둠 같은 환경에 대응하기 위해 요구되는 특수한 장비이다.
④ 재사용 가능한 발사체, 소형 위성 전용 발사체, 유인 우주선은 한국항공우주연구원이 우주 수송 기술 개발을 목표로 진행하고 있는 첨단 기술이다.

12. ①

㉠은 '어떤 상황이나 조건에 맞추어 적절한 방법이나 수단을 취하다.'라는 의미로 사용되었다. 밑줄 친 '대응하다'는 기업이 소비자들의 요구 변화에 맞춰 신속하고 적절한 조치를 취해야만 경쟁에서 살아남을 수 있다는 뜻으로, ㉠과 같은 의미로 사용된 것이 맞다.

오답 풀이

② 밑줄 친 '대응하다'는 '어떤 두 대상이 주어진 어떤 관계에 의해 서로 짝이 되다.'라는 의미로, 서로 맞물려 변화하거나 상호 작용하는 상황을 가리킨다.
③ 밑줄 친 '대응하다'는 '어떤 두 대상이 주어진 어떤 관계에 의해 서로 짝이 되다.'라는 의미로, 서로 적절하게 연결되거나 상호 보완적으로 작용하는 상황을 가리킨다.
④ 밑줄 친 '대응하다'는 '두 집합이 있을 때에 어떤 주어진 관계에 의하여서 두 집합의 원소끼리 짝이 되다.'라는 의미로, 두 집합의 원소들이 서로 짝지어진다는 뜻을 담고 있다.

13. ③

갑은 정년 연장이 노인 빈곤 문제와 생산가능인구 감소에 따른 문제점을 해결할 수 있으며, 또한 국민연금 고갈 시점을 지연시킬 수 있다고 해서 정년 연장을 찬성하는 입장이다. 을은 정년 연장으로 인해 청년 고용이 감소된다는 통계를 인용하여 정년 연장을 반대하는 입장이다. 병은 고령 근로자의 증가가 청년 근로자의 감소를 수반한다는 노동 총량설의 한계를 지적하면서 정년 연장을 찬성하는 입장이다. 따라서 병과 갑의 주장은 서로 대립하지 않는다는 ㄷ이 올바른 분석이다.

오답 풀이

① '갑의 주장과 을의 주장은 대립하지 않는다.'는 ㄱ은 적절한 분석이 아니다.
②, ④ '을의 주장과 병의 주장은 대립하지 않는다.'는 ㄴ은 적절한 분석이 아니다.

14. ③

(나) 명제의 대우를 취하면 '연말에 휴가를 가는 사람은 징검다리 연휴 때 휴가를 가지 않는다.'가 참임을 알 수 있다. 따라서 '연말에 휴가를 가면서 징검다리 연휴 때 휴가를 가지 않는 사람'은 '연말에 휴가를 가는 사람'과 동일함을 알 수 있다. 그렇다면 (가)의 진술에 따라 연말에 휴가를 가는 사람 중 일부는 여름에도 휴가를 가는 사람이므로, 빈칸에 들어갈 결론으로 가장 적절하다고 판단할 수 있다.

조건 기호상으로는

(가) 여름 휴가∧연말 휴가 ≡ 연말 휴가∧여름 휴가

(나) 징검다리 휴가→~연말 휴가 ≡ 연말 휴가→~징검다리 휴가

∴연말 휴가→~징검다리 휴가∧여름 휴가

오답 풀이

① '징검다리 연휴 때 휴가를 가지 않은 사람은 모두 연말에 휴가를 가지 않는다.'는 (나)의 전제에 어긋나므로 적절한 결론이 아니다.

② '징검다리 연휴 때 휴가를 떠나는 사람 중 일부는 연말에 휴가를 간다.'는 (나)의 전제에 어긋나므로 적절한 결론이 아니다.

④ '여름에 휴가를 가지 않는 사람은 연말에 휴가를 간다.'는 (가)의 전제에 부합하나, '징검다리 연휴 때에 휴가를 가'는 '사람은 연말에 휴가를 간다.'는 (나)의 전제에 어긋나므로 적절한 결론이 아니다.

15. ③

㉡은 '학생 참여도', '기술 도입', '교사의 역량'에서 목표를 달성했다고 해서 교육이 반드시 성공한 것은 아님을 설명한다. 학생 참여도, 기술 도입, 교사의 역량 모두에서 목표를 달성했지만, 교육의 효과가 높게 나타나지 않은 사례가 있다면, ㉡을 뒷받침하는 사례에 해당하므로 ㉡을 강화한다.

오답 풀이

① ㉠의 주장은 세 요소를 갖춰야 하는 것을 전제로 삼는다. 즉, 나머지 요소를 갖추지 못하면 교육의 효과가 높게 나타나지 못하는 것은 ㉠의 입장에서 당연한 것이므로 해당 선지는 ㉠을 약화하는 사례가 아니다.

② 교육의 효과를 높인 사례가 학생 참여도, 기술 도입, 교사의 역량 모두에서 목표를 달성했다면, 교육이 성공적으로 이루어졌다는 뜻이므로 ㉠을 약화하는 것이 아닌 오히려 ㉠을 강화하는 사례에 해당한다.

④ 세 가지 요소 충족이 되었을 때 언제나 교육의 효과가 높게 나타나는 것은 ㉡의 입장과 상반되므로, ㉡을 오히려 약화한다.

16. ②

ㄷ. 여러 지역에서 고대 인간의 화석과 유물이 발견된 사실은 그들이 아프리카를 넘어 다양한 기후대에서 이동하면서 적응했음을 나타낸다. 이 사실은 다양한 기후대에서 인간의 이동이 동시에 이루어졌다는 주장을 뒷받침하므로 ㉠의 주장을 강화한다.

오답 풀이

ㄱ. 아프리카가 현생 인류의 발상지였다는 것은, 아프리카 기원설이다. 그러므로 ㉠의 주장을 약화한다.

ㄴ. 이 사실은 아프리카에서 발생한 호모 사피엔스가 다른 대륙으로 이주를 시작했다고 주장하는 '아프리카 출발설'을 뒷받침한다. '다양한 기후대에서 동시에 이동했'다는 주장과는 연관이 있지 않으므로 ㉠의 주장을 강화하지 않는다.

17. ④

(가)는 시조의 정형성을 옹호하는 주장으로서 엇시조나 사설시조는 정형성을 갖추지 못한 시조들이다. 그런데 이것들보다 초·중·종장이 정형성을 갖춘 시조가 더 많이 발견된다면 시조의 정형성을 옹호하는 (가)의 주장은 강화된다.

오답 풀이

① 시조의 기본 형식이 절대적인 규칙이 아니라 가상적인 기준형이라는 것은 (나)의 주장이다. 그런데 이것이 보편적으로 받아들여진다는 것은 (나)의 주장을 약화하는 것이 아니라 강화하는 것이 된다.

② 시조를 구성하는 구와 장의 의미 단위가 유지된다는 것은 시조의 정형성을 말하는 것이다. 이것이 유지됨으로써 발생하는 심미적 완성도에 주목한다는 것은 (가)의 주장을 약화하는 것이 아니라 강화하는 것이 된다.

③ 시조를 현대적으로 계승한 작가들이 전통적인 3장 구조를 벗어나는 작품을 많이 창작하고 있다는 것은 (나)의 주장을 강화하는 것이다. 그런데 전통적인 3장 구조를 유지하는 작품을 더욱 많이 창작한다면 시조의 '정형성'을 시조 미학의 근간으로 삼음을 잘 보여주는 것이 된다.

18. ④

1문단에서 '지금까지 전해지는 약 4만 6천여 편의 시조 중에서 초·중·종장이 정형성을 갖춘 것은 4%도 안 된다'는 말과 이어지는 것이 '㉠ 전자보다 ㉡ 후자가 더 보편성을 갖추고 있다는 근거를 제시한 다'이다. 즉 정형성을 갖춘 것보다 비정형성을 갖춘 시조가 훨씬 더 보편적이라는 것이다. 따라서 ㉠은 '정형시'가 되고 ㉡은 '비정형시'가 된다. ㉢은 음절수의 제한으로 인해 각 구와 장의 의미 단위를 유지한다고 하였다. 그리고 절제된 자유의 참맛을 드러낸다고 하였다. 반면 ㉣은 그렇지 않다고 하며 비교되고 있다. 따라서 ㉢은 시조 형식의 정형성을, ㉣은 시조 형식의 비정형성을 말한다. '반면에'를 주목했을 때, 이제는 시조 형식의 비정형성의 장점을 드러내는 차례이다. ㉤이 시인의 감정과 생각을 더 자유롭게 표현한다는 장점이 있다고 했으므로, ㉤은 시조 형식의 비정형성을, ㉥은 ㉤과 비교되고 있음을 고려했을 때, 시조 형식의 정형성을 말한다.

19. ①

주어진 전제를 거꾸로 풀어보면 다음과 같다.
소가 밭에 있다. → 돼지는 우리 안이나 부엌에 없다. → 고양이는 방 안에 없다. → 개가 방 안에 있다.

오답 풀이

② 우리 안과 관련된 조건은 돼지이므로 개와는 관계가 없다.
③ 부엌과 관련된 조건은 돼지이므로 개와는 관계가 없다.
④ 밭과 관련된 조건은 소이므로 개와는 관계가 없다.

20. ③

지역 방언은 지역적인 거리 때문에, 사회 방언은 사회 계층이 분화되었을 때 나타난다. 둘은 별도이다. 따라서 지역적인 거리가 있는 곳에 사회 계층이 분화되었다면 지역 방언과 사회 방언은 동시에 발생할 수 있다. 본문 속 예시, 경상도 안동에서 할아버지를 지칭할 때 양반층의 후손들은 '큰아베'라 하고, 평민층은 '할베'라고 다르게 말하는 경향에서도 확인할 수 있다.

오답 풀이

① 사회 방언은 연령에 따라 달라지기도 한다. 젊은이들이 현재 젊은이의 사회 방언을 쓰더라도 중년이 되면 중년층의 사회 방언을 구사하게 될 수도 있다. 더불어 다음 글에서 젊은이들이 중년이 되어도 자신이 쓰던 사회 방언을 계속 구사하게 된다는 근거는 확인할 수 없다.
② 사회 방언은 계층의 차이에 따라, 지역 방언은 지역적인 거리에 따라 나타나므로 사회 방언이 양반층에서, 지역 방언이 서민층에서 더욱 두드러지게 나타난다는 것은 적절하지 않으며 다음 글에서 확인할 수 없는 내용이다.
④ 성별에 따른 사회 방언은 성별의 차이 자체에서 발생하는 것이므로 여자들이 자신의 의사를 강하게 표현한다고 해서 성별로 인한 사회 방언은 사라지게 된다고 볼 수 없다. 정확히는 확인할 수 없는 내용이다. 즉 사회 변화에 따라 사회적 방언 또한 빠르게 변화하여 그 경향성은 바뀔 수 있어도, 성별 차이 자체에서 발생하는 '성별로 인한 사회 방언'이 사라지게 되는 것은 아님을 짐작할 수 있다.

2025년도 국가공무원 9급 공개경쟁채용 필기시험 답안지

컴퓨터용 검정색사인펜만 사용

책 형
㉮ ㉯

【필적감정용 기재】
* 아래 예시문을 옮겨 기재하시기 바랍니다.
예시 : 본인은 000(응시자성명)임을 확인함

기 재 란

성 명	
자필성명	본인 성명 기재
응시직렬	
응시지역	

응 시 번 호							
	⓪	⓪	⓪	⓪	⓪	⓪	⓪
	①	①	①	①	①	①	①
	②	②	②	②	②	②	②
	③	③	③	③	③	③	③
	④	④	④	④	④	④	④
	⑤	⑤	⑤	⑤	⑤	⑤	⑤
⑥	⑥	⑥	⑥	⑥	⑥	⑥	⑥
⑦	⑦	⑦	⑦	⑦	⑦	⑦	⑦
	⑧	⑧	⑧	⑧	⑧	⑧	⑧
	⑨	⑨	⑨	⑨	⑨	⑨	⑨

생 년 월 일					
⓪	⓪	⓪	⓪	⓪	⓪
	①	①	①	①	①
	②		②	②	②
	③		③	③	③
	④		④		④
	⑤		⑤		⑤
⑥	⑥		⑥		⑥
⑦	⑦		⑦		⑦
⑧	⑧		⑧		⑧
⑨	⑨		⑨		⑨

※시험감독관 서명
(성명을 정자로 기재하시기 바랍니다.)

빨간색 볼펜만 사용

문번	제1회	제2회	제3회	제4회	제5회
1	① ② ③ ④	① ② ③ ④	① ② ③ ④	① ② ③ ④	① ② ③ ④
2	① ② ③ ④	① ② ③ ④	① ② ③ ④	① ② ③ ④	① ② ③ ④
3	① ② ③ ④	① ② ③ ④	① ② ③ ④	① ② ③ ④	① ② ③ ④
4	① ② ③ ④	① ② ③ ④	① ② ③ ④	① ② ③ ④	① ② ③ ④
5	① ② ③ ④	① ② ③ ④	① ② ③ ④	① ② ③ ④	① ② ③ ④
6	① ② ③ ④	① ② ③ ④	① ② ③ ④	① ② ③ ④	① ② ③ ④
7	① ② ③ ④	① ② ③ ④	① ② ③ ④	① ② ③ ④	① ② ③ ④
8	① ② ③ ④	① ② ③ ④	① ② ③ ④	① ② ③ ④	① ② ③ ④
9	① ② ③ ④	① ② ③ ④	① ② ③ ④	① ② ③ ④	① ② ③ ④
10	① ② ③ ④	① ② ③ ④	① ② ③ ④	① ② ③ ④	① ② ③ ④
11	① ② ③ ④	① ② ③ ④	① ② ③ ④	① ② ③ ④	① ② ③ ④
12	① ② ③ ④	① ② ③ ④	① ② ③ ④	① ② ③ ④	① ② ③ ④
13	① ② ③ ④	① ② ③ ④	① ② ③ ④	① ② ③ ④	① ② ③ ④
14	① ② ③ ④	① ② ③ ④	① ② ③ ④	① ② ③ ④	① ② ③ ④
15	① ② ③ ④	① ② ③ ④	① ② ③ ④	① ② ③ ④	① ② ③ ④
16	① ② ③ ④	① ② ③ ④	① ② ③ ④	① ② ③ ④	① ② ③ ④
17	① ② ③ ④	① ② ③ ④	① ② ③ ④	① ② ③ ④	① ② ③ ④
18	① ② ③ ④	① ② ③ ④	① ② ③ ④	① ② ③ ④	① ② ③ ④
19	① ② ③ ④	① ② ③ ④	① ② ③ ④	① ② ③ ④	① ② ③ ④
20	① ② ③ ④	① ② ③ ④	① ② ③ ④	① ② ③ ④	① ② ③ ④

2025년도 국가공무원 9급 공개경쟁채용 필기시험 답안지

컴퓨터용 검정색사인펜만 사용

책 형
㉮ ㉯

【필적감정용 기재】
* 아래 예시문을 옮겨 기재하시기 바랍니다.
예시 : 본인은 000(응시자성명)임을 확인함

기 재 란

성 명	
자필성명	본인 성명 기재
응시직렬	
응시지역	

응 시 번 호

	⓪	⓪	⓪	⓪	⓪	⓪
	①	①	①	①	①	①
	②	②	②	②	②	②
	③	③	③	③	③	③
	④	④	④	④	④	④
	⑤	⑤	⑤	⑤	⑤	⑤
⑥	⑥	⑥	⑥	⑥	⑥	⑥
⑦	⑦	⑦	⑦	⑦	⑦	⑦
	⑧	⑧	⑧	⑧	⑧	⑧
	⑨	⑨	⑨	⑨	⑨	⑨

생 년 월 일

⓪	⓪	⓪	⓪	⓪	⓪
	①	①	①	①	①
	②		②	②	②
	③		③	③	③
	④		④		④
	⑤		⑤		⑤
⑥	⑥		⑥		⑥
⑦	⑦		⑦		⑦
⑧	⑧		⑧		⑧
⑨	⑨		⑨		⑨

※시험감독관 서명
(성명을 정자로 기재하시기 바랍니다.)

빨간색 볼펜만 사용

문번	제1회	제2회	제3회	제4회	제5회
1	① ② ③ ④	① ② ③ ④	① ② ③ ④	① ② ③ ④	① ② ③ ④
2	① ② ③ ④	① ② ③ ④	① ② ③ ④	① ② ③ ④	① ② ③ ④
3	① ② ③ ④	① ② ③ ④	① ② ③ ④	① ② ③ ④	① ② ③ ④
4	① ② ③ ④	① ② ③ ④	① ② ③ ④	① ② ③ ④	① ② ③ ④
5	① ② ③ ④	① ② ③ ④	① ② ③ ④	① ② ③ ④	① ② ③ ④
6	① ② ③ ④	① ② ③ ④	① ② ③ ④	① ② ③ ④	① ② ③ ④
7	① ② ③ ④	① ② ③ ④	① ② ③ ④	① ② ③ ④	① ② ③ ④
8	① ② ③ ④	① ② ③ ④	① ② ③ ④	① ② ③ ④	① ② ③ ④
9	① ② ③ ④	① ② ③ ④	① ② ③ ④	① ② ③ ④	① ② ③ ④
10	① ② ③ ④	① ② ③ ④	① ② ③ ④	① ② ③ ④	① ② ③ ④
11	① ② ③ ④	① ② ③ ④	① ② ③ ④	① ② ③ ④	① ② ③ ④
12	① ② ③ ④	① ② ③ ④	① ② ③ ④	① ② ③ ④	① ② ③ ④
13	① ② ③ ④	① ② ③ ④	① ② ③ ④	① ② ③ ④	① ② ③ ④
14	① ② ③ ④	① ② ③ ④	① ② ③ ④	① ② ③ ④	① ② ③ ④
15	① ② ③ ④	① ② ③ ④	① ② ③ ④	① ② ③ ④	① ② ③ ④
16	① ② ③ ④	① ② ③ ④	① ② ③ ④	① ② ③ ④	① ② ③ ④
17	① ② ③ ④	① ② ③ ④	① ② ③ ④	① ② ③ ④	① ② ③ ④
18	① ② ③ ④	① ② ③ ④	① ② ③ ④	① ② ③ ④	① ② ③ ④
19	① ② ③ ④	① ② ③ ④	① ② ③ ④	① ② ③ ④	① ② ③ ④
20	① ② ③ ④	① ② ③ ④	① ② ③ ④	① ② ③ ④	① ② ③ ④